말은 잘하고 싶지만 말 많은 사람은 싫습니다

Brilliant Communication Skills 01/E

말은 잘하고 싶지만
말 많은 사람은 싫습니다

질 해슨 지음 | **남혜령** 옮김

CONTENTS

매일 당신은 서로 다른 의견과 신념, 요구를 가진 사람들과 소통한다. 생각이나 의견을 교환하고, 상대의 관점을 이해하고, 당신과 관련된 문제를 풀어 가는 능력은 얼마나 효과적으로 커뮤니케이션을 하느냐에 달려 있다.

효과적인 커뮤니케이션은 삶의 모든 영역에 중대한 영향을 미친다. 직장이나 가정, 친구들이나 가족, 낯선 사람 등 거의 모든 범위에 영향을 준다. 좋은 커뮤니케이션 기술은 당신을 즐겁게 한다! 다른 사람들과 연결시켜 주고, 친분을 쌓게 하고, 관계를 발전시키도록 돕는다.

'가족'이나 '친구들'과 좀 더 효과적으로 커뮤니케이션이 가능하다는 것은 사람들이 당신에게 마음을 터놓게 하기 위해 무슨 말을 해야 하는지도 안다는 의미이다. 사람들의 느낌과 감정, 의미, 필요로 하는 것 등을 당신이 잘 이해하고 있다는 뜻이기도 하다. 결과적으로 당신의 이야기는 보다 더 경청되고 이해될 것이다.

효과적인 커뮤니케이션은 다양한 상황에서 새로운 사람들과 쉽게 공감하고 폭넓게 소통하도록 자신감을 심어 줄 것이다. '직장'에서나 '전문적인 상황'에서 효과적으로 커뮤니케이션할 수 있다면 당신은 앞서 나가게 될 것이다. 당신은 더욱 체계적이고 지적으로 보일 것이며, 직장과 커리어에서 원하는 위치로 더 빨리 나아갈 것이다.

커뮤니케이션이 뛰어난 사람은 유용하고 흥미로운 아이디어를 더욱 쉽게 설명할 수 있고, 상대가 누구든 좋은 반응을 이끌어 낼 것이다. 사람들은 당신의 말을 진지하게 받아들일 것이다. 당신의 말에 귀 기울이며 논의에 적극적으로 참여할 것이다.

직장에서 비효율적인 커뮤니케이션은 업무 완수에 장애물이 된다. 효율적이지 않은 말은 효과적이지 않은 행동을 하게 한다! 좋은 커뮤니케이션은 오해와 혼동을 최소화하고, 정보를 쉽고 빠르게 전달하여 시간도 절약한다. 좋은 커뮤니케이션 기술을 갖추면 자신감이 생기며, 동료들 사이에서 신뢰를 높이고, 일에서 보다 나은 관계를 맺도록 돕는다.

납득할 수 있는가? 이제 당신은 그토록 중요한 기술들을 배워야 한다.

이 책은 크게 두 부분으로 나뉘어 있다. 1~6장에서는 커뮤니케이션 기술들이 무엇인지, 어떻게 발전시키는지 등을 배울 것이다. 적극적인 경청, 능동적인 발언, 명료하고 간결한 글쓰기 등과 같은 기술들이 있다. 7~8장에서는 특정 상황에 대해 논의하는데, 커뮤

PROLOGUE

니케이션 기술이 실제 상황에서 어떤 작용을 하는지 보여 준다.

1장에서는 커뮤니케이션이 무엇인지, 뛰어난 커뮤니케이션 기술은 무엇인지 설명한다. 당신의 커뮤니케이션 스타일을 알면 커뮤니케이션 기술을 향상시키는 방법도 알기 쉬워진다. 당신이 어떻게 표현을 하고, 사람들은 당신을 어떻게 이해하는지 알게 될 것이다. 1장에 제시하는 테스트는 당신의 커뮤니케이션 방식과 태도, 장점 파악에 도움이 될 것이다. 당신과 다른 사람의 차이가 커뮤니케이션에 있어 어떠한 장애물이 되는지도 알게 될 것이다.

잘 이해하지 못하는 말을 전달해야 하거나, 버스 정류장에서 만난 사람과 갑자기 대화를 나눠야 할 때라도 두 가지만 잘 기억하고 있으면 된다. 바로 자신감과 공감이다. 2장에서는 두 가지를 기를 수 있는 요령과 아이디어를 알려 준다.

당신이 현재 어느 수준의 공감 능력과 자신감을 가지고 있든, 커뮤니케이션 능력을 발전시키기 위한 가장 좋은 방법은 우위의 입장에 서는 것이다. 자신감을 갖고 있는 사람도 자신의 커뮤니케이션 기술을 과소평가할 수 있다. 예를 들어 기대와 감정, 용기, 자신감, 공감 등이 없는 상황에 직면하면 부적절하고 도움이 되지 않는 행동으로 돌아갈 수 있다.

2장에서는 정서 지능emotional intelligence 활용의 중요성을 강조한다. 당신이 하는 말에 감정이 따르게 하지 말라. 감정을 알리는 용도로 사용하라!

3장에서는 적극적인 청취에 초점을 맞춰 설명한다. 적극적인 청취는 아마 당신이 배울 수 있는 아주 중요한 커뮤니케이션 기술이 될 것이다. 친밀감과 공감, 이해를 형성하는 가장 빠른 길이다. 당신은 3장에서 어떻게 하면 적극적인 청자가 될 수 있는지, 적극적인 청취가 얼마나 많은 장점을 갖고 있는지 알게 될 것이다. 다른 사람의 마음을 열어 더 많은 이야기를 할 수 있도록 적절한 질문을 던지는 방법도 배울 것이다. 적극적인 청취는 커뮤니케이션 기술의 발전에서 매우 중요한 기술이지만, '행간을 읽는 능력'도 당신에게 많은 이점을 가져다줄 것이다.

곧 알게 되겠지만, 분명한 것은 커뮤니케이션의 93%는 비언어적이고 오직 7%만이 음성으로 이뤄진다는 주장은 틀렸다는 점이다. 단, 비언어 커뮤니케이션도 의심할 여지 없이 매우 영향력 있는 커뮤니케이션 수단임을 알아야 한다.

4장에서는 신호와 암시를 이해하고 효과적인 대화에 활용할 수 있도록 비언어적으로 사용하는 다양한 커뮤니케이션 방법들을 배

울 것이다. 비언어 커뮤니케이션의 의미는 사람마다 다르고, 문화에 따라서도 차이가 난다는 사실을 알게 될 것이다. 또한 하나의 제스처나 신호를 항상 독립적으로 해석해서는 안 된다는 점을 강조한다. 대화를 전체적으로 볼 수 있어야 한다.

무엇을 말하고 싶든 하나의 핵심 원칙이 있다. 당신이 어떤 뜻으로 말하는지 듣는 사람이 쉽게 이해하도록 해야 한다는 것이다. 5장에서는 무엇을 말할지, 언제 어떻게 말할지 등 목적을 갖고 커뮤니케이션하는 방법을 설명한다.

대면해서 말하거나 전화로 말하다 오해가 생기면 즉시 의미하는 바를 명확히 할 수 있다. 하지만 서면으로는 그렇게 하기 어렵다. 서면으로 소통하고자 할 때는 무엇을 말하고자 하는지 정확히 나타내야 한다. 당신의 의도나 감정, 요구, 정보, 아이디어를 뒷받침하고 명확히 해줄 다른 수단이 없기 때문이다.

직장이나 비즈니스에서 잘 작성한 서신이나 이메일, 보고서, 기타 다른 소통 수단은 좋은 인상을 심어 주는 데 도움이 된다. 뿐만 아니라 비즈니스 성장에서 소중한 자산이 될 수 있다. 어떻게 하면 서면으로 효과적인 커뮤니케이션을 할 수 있을까? 말하는 것과 똑같은 방법으로 명확하고 간결하게, 자신감과 공감을 갖고 하면 된다. 6장에서 그 방법을 설명한다.

1~6장에서는 어떤 상황에서든 쉽고 효과적으로 대화를 하도록 돕는 커뮤니케이션 기술과 요령, 실용적인 포인트와 예제를 제시한다. 그럼에도 커뮤니케이션은 좀처럼 원활하게 나아지지 않는다. 종종 커뮤니케이션이 이뤄지는 상황이나 환경에 따라 맥락에 의존하기 때문이다. 7~8장에서는 조언을 하거나 잡담할 때 어떤 말을 어떻게 해야 하는지와 같이 구체적인 상황을 설명한다. 인터뷰나 프레젠테이션에서 사용하면 좋은 비언어 커뮤니케이션의 중요성도 알려 준다. 또한 당신의 이메일이 명확하고 간결하고 예의를 갖출 수 있도록 제안한다. 심지어 당신이 화가 나 있는 경우에도 말이다!

사실 상황이 나쁘게 흘러가면 커뮤니케이션은 질척이는 진흙 위를 걸어가기만큼이나 힘들어진다. 7~8장에서는 이러한 어려운 상황에서 커뮤니케이션하는 방법을 설명한다. 비판이나 나쁜 소식을 다뤄야 한다면 관련자 모두가 어렵게 느낄 것이다. 그러나 자신감과 세심함으로 다룰 수 있으며, 이 책의 마지막 시나리오는 누군가의 입을 다물게 하는 아주 훌륭한 예이다. 이것은 거의 이 책 전체의 주제이기도 하다. 빛나는 커뮤니케이션만이 아니라 '긍정적인' 커뮤니케이션이기도 하다.

CHAPTER 01

커뮤니케이션이란
무엇인가?

커뮤니케이션과
효과적인 커뮤니케이션 기술이란 무엇인가?

'커뮤니케이션'이란 무엇일까? 이 질문은 누구에게 묻느냐에 따라 대답도 달라진다. 커뮤니케이션은 아래처럼 정리할 수 있다.

- 서로의 의견에 관해 논의하기
- 사람들과 어울리고 이야기하기
- 사람들과 교류하기
- 아이디어를 전달하기
- 누군가에게 이야기하고 대답하기

물론 위의 모두가 커뮤니케이션에 포함된다. (흥미롭게도 커뮤니케이션의 정의는 사람들의 커뮤니케이션 스타일에 대한 단서를 제공한다. 1장 후반부에서 좀 더 다루겠다.)

'커뮤니케이션communication'이란 용어는 '공통common'이란 뜻의 라틴어인 '커뮤니스communis'에서 유래한다. 따라서 '커뮤니케이션을 하다'는 '공통된 것으로 만들다' 또는 '알려지게 하다'라는 의미를 갖는다. 무언가를 공통된 것으로 만들고 알려지게 하는 행위들은 생각이나 아이디어, 감정을 교환하며 이뤄진다. 즉, 커뮤니케이션은 아이디어, 정보, 감정을 교환하는 것이다.

'교환'이라는 단어를 강조하고 싶다. 교환은 주고받는 행위를 포함한다. 커뮤니케이션은 화자와 청자 모두가 참여하는 양방향 프로세스이다.

아울러 화자와 청자는 커뮤니케이션에 사용되는 단어, 소리, 제스처, 표현, 기호와 맥락의 뜻에 관한 '공통'된 이해를 가지고 있어야만 한다. 효과적인 커뮤니케이션의 비결은 의도와 의미에 대한 공통된 이해에 있다. 발신자와 수신자 모두 목적, 의미, 중요성에 대한 이해를 공유하는 것을 뜻한다.

공통된 이해는 커뮤니케이션 이후의 행위에 공통된 합의를 반드시 보장하는 것은 아니다. 하지만 그럴 가능성을 확실히 높여 주긴 할 것이다.

커뮤니케이션은 정말 그렇게 간단할까? 물론 그렇지 않다. 커뮤니케이션은 예측 가능한 일방적인 행위가 아니기 때문이다. 커뮤니케이션은 인간 행동의 복잡성과 불확실성에 의해 영향을 받는 역동적인 과정이다.

배웠는가, 아니면 타고났는가?

당신은 커뮤니케이션이 가능한 능력을 가지고 태어났다. 동시에 아래와 같은 방법으로 커뮤니케이션하는 법을 배워 왔다.

- 다른 사람들을 보고 듣기
- 교육과 훈련을 통하기
- 상대방의 응답에 따라 어떻게 대화할지 연습하고 조정하기

당신은 커뮤니케이션에 기본 규칙이 있다는 것도 알고 있다.

- 교대로 이야기하기
- 상대의 이야기가 끝날 때까지 기다렸다 말하기
- 두 번째로 말하는 사람은 완전히 새로운 주제를 꺼내기보다는 앞사람이 한 말에 적절히 반응하기

매일 당신은 서로 다른 의견, 신념, 요구를 가진 사람들과 대화를 한다. 다른 사람들과 아이디어와 의견을 교환하고 관점을 이해한다. 문제를 해결할 능력은 당신이 얼마나 효과적으로 커뮤니케이션하는지에 달렸다. 비록 당신은 커뮤니케이션 능력을 타고났지만,

학습되고 발전하고 성장시킬 수 있는 기술이다. 당신도 대화의 달인이 될 수 있다!

커뮤니케이션의 세 가지 요소

커뮤니케이션은 언어, 준언어, 비언어 요소를 포함하고 있다.

- 언어 메시지
- 준언어 메시지
- 비언어 메시지

효과적인 커뮤니케이션을 위해서는 세 가지 요소를 모두 사용해야 한다. 이유는 아래와 같다.

- 메시지를 명확히 보내기 위해
- 받은 메시지를 확실히 이해하기 위해

위의 세 가지 요소에 대해 조금 더 자세히 설명하겠다.

언어 커뮤니케이션

언어 커뮤니케이션이란 생각, 아이디어, 감정을 단어를 사용하여 글이나 말로 전달하는 것이다.

준언어 커뮤니케이션

준언어는 의미를 확실시하고 태도와 감정을 전달하기 위해 사용된다. 목소리의 톤, 볼륨, 리듬, 높낮이, 강세, 억양 등이 포함된다. 준언어는 커뮤니케이션을 특별하게 만드는 독특한 특성을 부여한다.

모든 구두口頭 커뮤니케이션은 감정과 태도에 영향을 받는 준언어적인 특성을 가지고 있다. 태도(사람이 생각하고 행동하는 방식)는 의도적이든 무심코든 감정을 표현하는 경향이 있다. 예를 들자면, 화가 났거나 흥분된 상태라면 아마도 당신은 빠르고 높은 톤의 말투로 이야기할 것이다. 방어적인 태도를 취한다면 당신의 말투는 퉁명스러워질 것이다. 지루하거나 우울하다면 아마도 느리고 단조로운 톤을 취할 것이다. 물론 감정을 속이거나 숨기려는 시도는 드문 일이 아니다. 만약 비꼬거나 빈정댄다면 억양과 강세로 인해 당신의 태도는 의심받을 것이다!

서면 커뮤니케이션도 준언어 요소를 포함할 수 있다. 문장 부호, 기울여 쓰기, 대·소문자 구별, 이모티콘 사용 등이다. 서면 커뮤니케이션의 준언어는 직접 만나서 나누는 대화보다 제한적이며, 쉽게 오해를 불러올 수 있다.

준언어 커뮤니케이션은 당신이 '무엇'을 말하는가가 아닌 '어떻게' 말하는가를 의미한다. 어떤 단어를 강조하고 어떤 톤의 목소리로 이야기하느냐에 따라 문장은 완전하게 다른 의미를 전달한다. 예를 들어, "나는 네가 멍청하다고 말하지 않았어"라는 문장은 어떤 단어가 강조되느냐에 따라 5개의 다른 의미를 가진다.

1. 나는 '네가' 멍청하다고 말하지 않았어.
2. 나는 네가 '멍청하다고' 말하지 않았어.
3. 나는 네가 멍청하다고 '말하지' 않았어.

나머지 두 의미는 당신 스스로 유추해 볼 수 있다.

비언어 커뮤니케이션

비언어 커뮤니케이션은 단어를 사용하지 않고 아이디어, 정보, 감정을 교환한다. 여기에는 자세, 제스처, 표정 등 보디랭귀지를 포함한다. 비언어 커뮤니케이션은 사람이 사용하는 단어에 태도와 느낌에 대한 단서를 제공한다. 비언어 커뮤니케이션이 구두 커뮤니케이션을 강화하긴 하지만(당신은 종종 그러한 신호를 무의식적으로 보내거나 해석하기도 한다), 단독으로 사용될 수도 있다. 예를 들어, 밀거나 때리는 것처럼 표정이나 부드러운 접촉이 메시지를 분명하게 전달할 수도 있다. 미소나 눈살 찌푸리는 표정은 말없이도 메시지를 전달한다.

효과적인 커뮤니케이션은 생각과 아이디어, 주장과 감정을 교환하기 위해 세 가지 요소(언어, 준언어, 비언어) 모두를 사용한다.

7%-38%-55% 법칙

당신은 커뮤니케이션이 55%의 보디랭귀지, 38%의 목소리 톤, 7%의 단어로 구성된다는 주장과 마주칠 것이다. 그 주장은 사실이 아니다!

앨버트 메라비언Albert Mehrabian 교수의 책 《침묵의 메시지Silent Messages》가 출처인데, 저자는 결과의 오해라고 나에게 말했다. "나의 백분율 수치는 한 개인이 감정에 관해 커뮤니케이션을 하고 있을 때만 적용된다. 일반적인 커뮤니케이션에는 절대 적용되지 않는다." 따라서 태도와 감정 표현이 7%, 목소리 톤 38%, 보디랭귀지 55%라고 제안하는 편이 더 정확하다.

커뮤니케이션 스타일

커뮤니케이션 기술을 향상시키려면 먼저 당신과 다른 사람의 커뮤니케이션 스타일을 알아야 한다. 사람마다 각자 독특한 커뮤니케이션 방법이 있다. 자신이 말하는 모습을 떠올려 보라. 어떤 종류의 단어를 사용하는가? 어떤 보디랭귀지와 어떤 톤의 목소리를 자주 사용하는가? 어떠한 입장과 상황에서 당신의 커뮤니케이션 스타일이 변경되는가?

이제 당신이 좋은 의사 전달자라 생각하는 사람을 떠올려 보라. 분명하게 설명하는 사람, 다른 사람의 이야기를 잘 이해하는 사람 등 당신은 누구를 알고 있는가? 같이 일하는 사람? 이웃? 친구? 어쩌면 당신 가족일 수도 있다. 뉴스 프로그램 진행자, 라디오 진행자, 인터뷰 진행자, 정치인(적어도 몇 명은), 유명 인사 등 훌륭한 커뮤니케이션 사례는 어디에나 있다. 당신이 좋아하는 사람들의 커뮤니케이션 방식은 무엇인가? 당신의 스타일을 그들의 스타일과 비교해 보라.

당신의 커뮤니케이션 스타일을 보다 자세히 살펴보자. 사람들이 커뮤니케이션하는 방법과 커뮤니케이션이 이루어지는 방식에 관한 많은 이론들이 있다. 당신의 커뮤니케이션 스타일을 알고 나면 커뮤니케이션 기술을 향상시키는 방법을 알기 쉬워진다. 어떻게 당신을 표현하고, 어떻게 다른 사람들이 당신을 인지하는지를 알아야 한다. 아래의 테스트는 당신의 커뮤니케이션 접근 방식과 태도 파악에 도움이 될 것이다.

커뮤니케이션 스타일 테스트

당신에게 적용되는 문장에 표시해 보라.

1	나는 듣기보다 이야기하는 경우가 많다.	A
2	나는 느낌보다 사실 관계에 더 관심이 있다.	T
3	이야기 도중 방해받는다면 내가 하던 말을 이어 가기가 어렵다.	P
4	나는 종종 다른 사람들의 말을 이해했는지 확인한다.	C
5	나는 생각하기보다 이야기하기를 더 좋아한다.	A
6	나는 누구와 이야기하느냐에 따라 말하는 방식이 달라진다. (예 : 모국어가 한국어가 아닌 사람과는 좀 더 느리고 분명하게 말한다. 같은 직종에서 일하지 않는 사람과는 직업과 관련된 특수한 용어의 사용을 피한다.)	C
7	나는 문제를 해결하거나 새로운 아이디어를 주는 정보를 듣고 싶다.	T
8	나는 생각을 분명하게 표현할 수 있다	A
9	나는 요점을 벗어나지 않는 대화와 토론을 좋아한다.	P
10	나는 종종 생각이나 감정을 말로 표현하기가 어렵다.	T
11	나는 다른 사람들이 이야기하도록 격려하고 적절한 질문을 한다.	C
12	다른 사람들이 옆에서 감정에 치우치면 나는 어떻게 반응해야 할지 모르겠다.	T
13	나는 도표와 차트를 사용하여 생각을 표현한다.	T
14	종종 내가 하는 말에 너무 빠져 듣는 사람들의 반응을 알지 못한다.	A
15	나는 메시지를 보내기 전에 가장 적절한 전달 방법을 생각한다. (대면, 전화, 메모, 이메일, 문자 메시지 등)	P
16	나는 할 일의 목록을 만들고 끝날 때마다 하나씩 지워 가는 것을 좋아한다.	P
17	나는 종종 말하기보다 듣기를 더 많이 한다.	C
18	나는 다른 일을 하면서도 동시에 대화와 토론을 즐긴다.	A

19	내가 하고 싶은 말을 분명히 표현할 적절한 단어를 찾기 위해 시간이 필요하다.	T
20	누군가가 내 이야기를 이해하지 못한다는 것을 알아차릴 수 있다.	C
21	사람들과 이야기하면서 보디랭귀지에 주의를 기울인다.	C
22	나는 의제와 시간표를 따라가는 회의를 좋아한다.	P
23	나는 말하는 사람의 주장에 동의하지 않는다면 도중에 끊을 것이다.	A
24	나는 무언가 이해하지 못한다면 마음속에 담아 두고 나중에 알아내려 한다.	T
25	나는 흥미 없는 주제가 나오면 다른 주제로 넘기거나 대화를 끝내려 한다.	A
26	나는 명확하게 문서로 작성된 것을 좋아한다.	P
27	나는 쉽게 다른 사람의 관점에서 사물을 볼 수 있다.	C
28	나는 이메일에 요점만 분명히 적는다.	P
29	나는 대화가 지루하다 느끼면 생각을 놓아 버린다.	A
30	나의 보디랭귀지나 제스처는 상당히 통제되어 있다.	T
31	나는 정중한 서신이나 어렵거나 슬픈 소식을 알리기 전에 여러 번 작성해 본다.	C
32	추가할 내용이 있으면 다른 사람의 대화에 끼어들어 나의 의견을 확실히 말한다.	A
33	나는 직장에서의 차이와 갈등은 정상적인 부분으로 받아들이고 건설적으로 대처하는 방법을 안다.	P
34	나는 대화가 감정에 관한 주제로 바뀌면 편안함을 느낀다.	C
35	나는 예상 가능한 혼란의 원인을 예측하려 노력하고, 솔직하게 다루려 한다.	P
36	나는 대화를 이끄는 것을 좋아한다. (예시. 주제 정하기, 속도 조절 등)	A
37	다른 사람들이 나의 관점을 받아들이도록 생각을 제시한다.	T

이제 당신이 체크한 문장 오른쪽의 알파벳 개수를 더하라.

체크한 문장의 대부분이 A라면 당신은 능동형 커뮤니케이터 Active communicator이다.

체크한 문장의 대부분이 C라면 당신은 연결자Connector이다.

체크한 문장의 대부분이 T라면 당신은 이론가Theorist이다.

체크한 문장의 대부분이 P라면 당신은 목적형 커뮤니케이터 Purposeful communicator이다.

두 개 이상의 알파벳 개수가 비슷하다면 아마도 당신은 각 상황에 맞추어 다른 방식의 커뮤니케이션 스타일을 조합하여 사용한다.

능동형 커뮤니케이터

능동형 커뮤니케이터들은 활발하고, 자발적이고, 기회주의적인 방식으로 커뮤니케이션한다. 그들은 직접적이고 직설적이다. 신속하게 요점에 도달하여 일을 진행한다. 빠른 결정을 내리고 신속하게 일을 완료한다.

능동형 커뮤니케이터들은 무엇을 하는지, 무엇을 달성했는지에 관한 이야기를 좋아한다. 그들은 영향력 있고 과장하기 쉬운 언어를 사용한다. 사람들을 웃게 하는 것을 좋아하고, 웃기려고 노력한다. 큰 제스처와 활발한 표정을 사용하며, 강한 언어 사용을 두려워하지 않는다. 종종 대화 중에 움직이기를 좋아한다.

당신이 능동형 커뮤니케이터와 대화해야 한다면 골프나 테니스 경기 도중에 이야기하면 보다 많은 성공을 거둘 수 있다. 그들에게 가만히 앉아서 모든 관심을 당신에게 쏟게 하는 것보다 낫다!

능동형 커뮤니케이터들은 토론에 참여하기를 좋아한다. 그들은 다른 사람들의 말이 즐겁거나 매료되지 않는 한 옆에서 가만히 앉아 듣기만 하면 힘들다고 느낀다. 토론 주제에 익숙하든 아니든 그들은 자신 넘치고 설득력 있어 보인다.

능동형 커뮤니케이터들은 사회 규칙과 세부 사항, 의례, 예의에 제약받는 것 등을 거북해한다. 그들은 망설임과 방해를 싫어한다. 상대가 잠시 멈추면 그들은 종종 자신의 의견을 추가할 기회를 노리거나 주제를 변경하려고까지 한다. 능동형 커뮤니케이터들은 듣기 기술과 공감 능력을 향상시켜야 한다.

연결자

연결자들은 시간을 갖고 다른 사람들과 관계 맺고 지내기를 좋아한다. 그들은 친절하여 말을 붙이기 쉬우며, 다른 사람들과의 대화를 환영하고, 공감과 감사를 나타낸다. 특히 서로 삶의 개인적인 측면을 공유할 만한 관계를 맺고 있다고 느끼는 대화를 즐긴다. 그들은 협력과 조화를 증진시키는 방식으로 커뮤니케이션한다.

마음으로부터 말하는 연결자들은 느낌과 감정에 영향을 받는다.

그들은 직감을 사용하며, 주관적인 경향이 있다. 객관적인 이론가들과는 다른 점이다.

연결자들은 말하는 것 이상을 듣는 경향이 있다. 문장의 속뜻을 찾아 말하는 사람의 감정과 의도를 연구하기를 좋아한다. 그들은 관계와 사람들에 대해 이야기하기를 좋아하고, 가치와 신념에 흥미를 갖는다. 대체로 낙관적이고 긍정적이며, 다른 사람들이 긍정과 자신감을 가지도록 도와주는 대화에 보람을 느낀다. 재치 있고 사려 깊으며, 다른 사람들의 기분을 상하지 않게 말하려면 어떻게 해야 할까 생각한다.

연결자들은 싸움으로 이어지는 대화를 싫어한다. 그들은 '몰아붙이거나' '폄하하는' 사람들에게 마음을 상한다. 시간을 들여 관계를 갖고 생각과 감정을 고려해 주는 사람들을 선호한다. 연결자들은 조금 덜 감성적이고 보다 단정적일 필요가 있다.

이론가

이론가 스타일은 대화를 할 때 생각하고 전달하는 경향이 있다. 방금 들었던 말을 검토하여 자신의 생각을 가장 정확하게 표현하는 방식으로 신중하게 응답하려 한다. 그들의 목표는 문제 해결에 도움을 주거나, 새로운 것을 발견하거나, 새로운 지식을 제공하는 정보를 얻는 것이다.

이론가들은 감정과 관계보다는 생각과 정보에 대해 이야기하는 경향이 있다. '내 기분은'보다는 '내 생각은' 같은 문구를 사용한다. 연결자와 달리 보통 정서적 유대감을 피하고 사실로 곧장 나아간다. 매우 냉담하다 생각될 수 있으며, 처음에 개인적인 유대 관계를 맺으려는 사람들은 불쾌하게 느낄 수 있다.

이론가들은 이론, 아이디어, 전략에 관해 이야기하기를 즐긴다. 대화하는 동안 새로운 아이디어와 가능성을 습득하고 발전시키기를 좋아한다. 그들은 상황이나 생각의 모든 측면을 설명하기를 즐긴다. 단편적인 정보들을 끌어모아 신속하게 타당한 주장으로 바꿀 수 있다. 다른 사람이 한 말에 증거가 부족하다고 느끼면 집요하게 논쟁을 펼칠 것이다.

그룹 대화에서 이론가들은 이야기하기 전에 생각할 시간을 갖기를 좋아한다. 많은 말을 하지는 않더라도 머릿속에는 생각들과 가능성들이 활발하게 펼쳐져 있다.

이론가들은 어리석어 보이는 것을 싫어한다. 유능하고 능숙하게 보이기를 원한다. 그들은 자신의 생각과 감정을 전달하기 위하여 정확하게 무엇을 말할지 고려할 것이다. 잘못을 말하기보다는 오히려 아무 말도 하지 않을 것이다. 그들의 보디랭귀지는 일반적으로 매우 제어되어 있어서 다른 사람들이 읽어 내기 힘들다. 그룹 토의 기술, 공감과 감정을 표현하고 응답하는 방법을 배운다면 많은 도움이 될 것이다.

목적형 커뮤니케이터

목적형 커뮤니케이터들은 대화의 목적에 명확하며, 주제를 벗어나지 않고, 모든 사람이 존중을 유지하며 방해받지 않기를 원한다! 사람들이 방해받거나 자신이 말하던 이야기의 맥락을 놓쳤다면 처음으로 돌아가 다시 이야기를 시작할 것이다. 그들은 다른 사람들이 자신들의 생각과 이야기를 끝내고 다른 주제로 나아가기를 선호한다.

그들은 아이디어와 주제가 논리적인 순서로 논의되길 좋아한다. 종종 '항상', '결코', '무조건', '해야 한다', '할 수 없다' 같은 극단적인 용어를 사용한다.

목적형 커뮤니케이터는 실제적이고 현실적인 대화를 선호한다. 자신들을 안내하고 참조하도록 서면으로 무언가가 작성되어 있는 것을 선호한다. 그들은 종종 할 일의 목록을 작성하고 하나하나 달성하여 목록에서 지워 나가기를 즐긴다. 과거의 경험과 대화가 현재의 상황을 어떻게 알려 주는지 참고하기를 좋아한다.

목적형 커뮤니케이터는 수다와 담소로 인한 시간 낭비를 좋아하지 않지만, 일을 끝낸다는 방식으로 다른 사람과 커뮤니케이션하려 한다. 자신이 이야기한 것을 다른 사람들이 따르고 실행해 나가는지 궁금해하기도 한다. 굉장히 자부심이 강하며, 자신의 권리와 다른 사람들의 권리에 대해 거리낌 없이 말하며 행동할 것이다.

목적형 커뮤니케이터는 '적절한' 언어를 사용한다. 욕설, 속어, 불쾌한 농담, 정치적으로 잘못된 표현을 듣거나 사용하기를 좋아하지 않는다. 그들은 통제력을 가지고 있다. 그들은 다른 사람들에게 자신을 표현할 시간을 주거나, 그룹 토론 기술을 개선하거나, 추상적인 아이디어를 토론할 시간을 부여함으로써 도움을 얻을 수 있다.

내향적 연속체와 외향적 연속체

커뮤니케이션 스타일을 이해하는 또 다른 방법은 외향적인지 내향적인지에 따른 구분이다. 내향적인 사람들(이론가)은 내면세계에 의해 동기를 부여받는 반면, 외향적인 사람들(능동형 커뮤니케이터)은 바깥세상에서 기운을 받는다. 내향적인 사람은 자신의 생각, 감정, 느낌에서 에너지와 영감, 동기 부여를 얻는다. 외향적인 사람들은 다른 사람들과의 활동, 자신 이외의 사물과 같은 외부 세계에서 에너지와 영감을 얻는다.

외향성과 내향성은 연속체로 간주된다. 이것은 커뮤니케이션의 한 스타일이 다른 스타일과 크게 다르지 않음을 의미한다. 예를 들어, 목적형 커뮤니케이터는 내향적 특성과 외향적 특성 모두를 갖고 있다고 본다. 극단적인 능동형 커뮤니케이터와 이론가는 서로 매우 다르다.

　모든 사람들은 외향적 측면과 내향적 측면을 모두 갖고 있다. 한 쪽이 다른 쪽보다 지배적이긴 하지만 말이다. 물론 사람들은 자신의 행동을 매번 극적으로 바꾼다. 극단적으로 내향적인 사람과 외향적인 사람조차도 자신의 유형에 따라 행동하지는 않는다.

커뮤니케이션 스타일 :
당신의 감각을 사용하라

　커뮤니케이션 스타일 테스트는 당신의 커뮤니케이션 스타일이 내향적인지 외향적인지 알아보도록 도와준다. 당신이 선호하는 커뮤니케이션 방법이 있다는 것을 알아낼 수도 있다. 다음 각각의 테스트에서 자신에게 가장 해당되는 문자에 체크해 본다.

❶ 내가 어떻게 해야 하는지를 배워야 한다면 :
　　a. 다른 사람이 어떻게 하는지 보여 주면 가장 잘 배운다.
　　b. 다른 사람이 어떻게 하는지 말로 설명해 주면 가장 잘 배

운다.

c. 나 혼자 해보면 가장 잘 배운다.

❷ 나는 철자가 맞는지 확인하기 위해 :

a. 맞게 보이는지 단어를 쳐다본다.

b. 머릿속으로 단어를 읽어 본다.

c. 맞는지 알기 위해 단어를 적어 본다.

❸ 나는 책을 읽는 동안 종종 :

a. 마음의 눈으로 읽는 내용을 머릿속에 그린다.

b. 소리 내어 읽거나 머릿속으로 단어를 듣는다.

c. 꼼지락거리며 내용을 느끼려 한다.

❹ 내가 누군가를 싫어하면 :

a. 그가 다가오는 것을 보면 불안함을 느낀다.

b. 그의 목소리를 들으면 불안함을 느낀다.

c. 그가 주위에 있는 것을 감지하면 불안함을 느낀다.

❺ 나는 방향을 알려 주기 위해 :

a. 말하면서 머릿속으로 실제 장소를 떠올리고 길을 그려 주

거나 지도를 준다.

b. 설명하거나 적어 준다.

c. 제스처, 손으로 가리킨다. 또는 방향에 따라 몸을 돌리거
나 직접 그와 함께 간다.

❻ 내가 여러 물건을 기억해야 한다면 :

a. 적어 놓아야 가장 잘 기억한다.

b. 계속 혼자 되뇌어야 가장 잘 기억한다.

c. 돌아다니며 손가락을 사용해 하나씩 이름을 외워야 가장
잘 기억한다.

❼ 내가 레스토랑에서 음식을 결정해야 한다면 :

a. 메뉴에 적힌 설명을 읽고 정한다.

b. 웨이터의 말을 듣거나 친구에게 추천해 달라고 한다.

c. 다른 사람들이 무엇을 먹는지 보거나, 각 음식의 사진을
보고 고른다.

❽ 내가 누군가와 중요한 사항을 상의해야 한다면 :

a. 만나서 얼굴을 보고 이야기한다.

b. 전화로 이야기한다.

c. 걷거나 식사하는 등 다른 행동을 하면서 이야기한다.

❾ 의료 문제가 있으면 나는 의사가 :

a. 무엇이 잘못됐는지 도표를 보여 주기를 선호한다.

b. 무엇이 잘못됐는지 말로 설명해 주기를 선호한다.

c. 플라스틱 모형을 사용하여 설명해 주기를 선호한다.

❿ 나는 친구들과 휴가를 계획했다. 그들에게 무엇을 계획했는지 알려 주고 싶다면 :

a. 지도와 웹사이트를 통해 장소들을 보여 준다.

b. 전화, 문자 또는 이메일을 보낸다.

c. 어디를 가서 무엇을 할지 말해 준다.

몇 개의 a와 b와 c가 있는지 더해 보라.

다수의 a : 당신은 시각형 커뮤니케이터이다.

다수의 b : 당신은 청각형 커뮤니케이터이다.

다수의 c : 당신은 운동 감각형 커뮤니케이터이다.

시각형 커뮤니케이터

시각형 커뮤니케이터는 자신이 말하고 듣고 읽은 것을 이미지와 그림으로 해석한다. 많은 시각 자료가 있거나, 상상할 수 있거나, 다른 사람들이 이야기하는 것을 보여 주면 대화나 발표에 더 많은 주의를 기울인다. 공부하기 위해 독서를 할 때는 일반적으로 컬러 형광펜을 사용한다. 그들은 그림, 도표, 낙서 등을 그리며 필기를 한다. 시각형 커뮤니케이터는 시각화하여 얼굴과 장소를 쉽게 기억하며, 새로운 환경에서도 좀처럼 길을 잃지 않는다.

청각형 커뮤니케이터

청각형 커뮤니케이터는 말하기를 좋아한다! 또한 듣기도 좋아한다. 그들은 토론, 사물을 통해 말하는 것, 다른 사람의 이야기 듣기를 좋아한다. 청각형 커뮤니케이터는 목소리의 톤, 높낮이, 속도, 기타 뉘앙스를 듣고 이야기의 기본 의미를 해석한다. 서면 정보는 실제 귀로 들릴 때까지 거의 의미가 없다. 청각형 커뮤니케이터들은 종종 자신과 이야기하고, 들은 것을 소리 내어 반복한다.

운동 감각형 커뮤니케이터

운동 감각형 커뮤니케이터는 외부 자극이나 운동이 적거나 없으면 관심을 잃는 경향이 있다. 느끼고 만지며 움직이기를 좋아한다.

중요한 토론은 걷거나 식사 등과 같은 다른 활동과 함께 하기를 좋아한다. 대화를 하거나 발표를 듣는 동안 손을 움직이기 위해 메모를 하고 싶어 할 수 있다. 공부를 위해 독서를 할 때는 일반적으로 밑줄을 치거나 컬러 형광펜을 사용한다. 그림, 도표, 낙서 등을 그리면서 필기를 한다. 운동 감각형 커뮤니케이터는 말한 것보다 행동한 것을 가장 잘 기억한다.

커뮤니케이션 tip

이제 당신은 자신의 커뮤니케이션 스타일을 더 잘 알게 되었다. 가족, 친구, 직장 동료 등 당신이 아는 사람들이 어떻게 커뮤니케이션하는지 생각해 보라. 위의 커뮤니케이션 스타일이 사람들의 커뮤니케이션 방법을 묘사하고 설명하는 것에 도움을 주는가? 다른 사람들이 어떻게 커뮤니케이션하는지 이해하는 것은 공감 능력을 성장시키는 핵심이며, 좋은 커뮤니케이션을 위한 주춧돌 중 하나이다.

많은 커뮤니케이션 모델이 존재하지만, 커뮤니케이션 기술은 몇 개의 범주로 요약할 수 없다. 커뮤니케이션은 모든 인간 행동의 복잡함과 강점, 한계에 영향을 받는 역동적인 과정임을 명심하라.

당신은 한 가지 커뮤니케이션 스타일에만 해당되지 않는다. 대부분의 사람들처럼 조합된 스타일을 갖고 있다. 한 가지 상황에서는 하나의 커뮤니케이션 스타일을, 다른 상황에서는 다른 스타일을 선호할 수도 있다. 목표는 당신의 커뮤니케이션 방식을 표준화하는 것이 아니다. 현재 커뮤니케이션 스타일을 유지하고, 필요하면 다른 커뮤니케이션 방식을 조정하는 것에 더 의미를 둔다. 당신이 타인과 다른 커뮤니케이션 스타일을 가졌음을 아는 것은 차이를 더욱 잘 이해하고 상황에 따라 당신의 스타일을 조정할 수 있다는 의미이다.

통하게 하라

커뮤니케이션 스타일의 적용을 시작하는 좋은 방법은 다른 사람들의 스타일을 더 잘 아는 것이다. 대화하는 동안 그들의 보디랭귀지와 말하기 스타일에 맞추려고 노력하라. 그렇다고 그들이 하는 모든 것을 따라 하진 말라(너무 이상하게 보일 수 있다). 한 가지만 모방하라. 예를 들어, 누군가 주로 짧은 대답을 한다면 더 짧은 질문을 하라. 아니면 평소보다 늦은 속도로 이야기하라. 그의 이야기 속도에 맞추어 당신의 말하기 속도를 늦춰라. 지나치게 단순하게 들릴 수 있으나, 다른 사람이 무엇을 어떻게 커뮤니케이션하는지 알 수 있다. 그와 통하는 매우 효과적인 방법이다.

커뮤니케이션 태도

두드러지는 외향성이나 내향성, 커뮤니케이션에 도움이 되는 다른 감각 사용하기 외에도 당신은 커뮤니케이션 태도를 가질 것이다. 당신의 커뮤니케이션 방식에 영향을 미치는 사고방식과 행동을 말한다.

적극형 커뮤니케이션

적극적이란 의미는 자신의 감정, 의견, 필요를 정직하고 적절하게 표현하는 것을 말한다. 적극형 커뮤니케이션은 상대에게 당신의 생각과 느낌, 믿는 것을 말할지 말지를 선택할 확신을 포함한다. 적극형이라면 당신의 생각과 다르더라도 상대의 견해를 수용할 수 있다. 당신은 상대를 지배하거나 자신이 비판에 빠지게 하지 않는다.

공격형 커뮤니케이션

공격형 커뮤니케이션은 상대를 위협, 해산 또는 통제하는 방식으로 자신의 감정, 의견, 필요를 표현한다. 당신이 공격적이라면 일을 증명하고 요점을 알려야 한다고 느낄 것이다. 혹여 당신이 나쁜 대우를 받으면 분노와 적대감으로 반응할 것이다. 적극형 커뮤니케이션에 비해 공격형 커뮤니케이션은 종종 무례하고, 냉소적이며 비난적이다.

공격적 행동은 일방적인 과정이다. 상대의 필요와 감정을 듣거나 고려하지 않고 자신이 하고 싶은 것과 하기 싫은 것을 이야기한다.

수동형 커뮤니케이션

수동형 커뮤니케이션은 생각, 감정, 필요를 표현하지 않는다. 상대가 당신에게 무엇을 해야 하고, 무엇을 하지 말아야 하는지 의논하고 이야기해 주는 것을 의미한다. 수동형 커뮤니케이션은 당신이 생각하거나 느끼는 것을 말하지 않는다. 상대의 이야기에 동의하지 않더라도 어울린다. 당신은 조용하고 동의하는 듯이 지내기를 선호한다. 하지만 상대를 따르는 것이 자주 잘못 해석되어 당신의 생각과 감정이 어떤지 불확실하게 만든다. 결국 상대가 당신을 무시하거나 묵살하게 된다.

수동-공격형 커뮤니케이션

수동-공격형 커뮤니케이션은 감정, 의견, 필요에 관하여 간접적이고 정직하지 않은 표현을 하는 것이다. 이러한 커뮤니케이션 방법은 교묘하다. 눈에 띄지 않게 상황과 사람을 제어한다. 일반적으로 상대와의 협력에 수동적인 저항을 보인다.

수동-공격형 커뮤니케이션은 종종 분노와 불만을 참고 비언어적인 표현 방식을 사용하여 나타낸다. 예를 들어, 상대에 대한 기분이 나쁘면 묵살과 무시를 한다든가 화난 눈빛을 보내는 것이다. 하지만 상대에게 당신의 진짜 감정을 알리지 못한다. 수동-공격형 커뮤니케이터들은 비꼬거나, 다른 미묘한 커뮤니케이션 장치를 통하여 대립을 피하고, 특정 작업에서 빠져나가는 습관을 갖고 있다.

이 책에서는 적극형 커뮤니케이션에 강조를 두고 있다. 적극형 커뮤니케이션은 훌륭한 커뮤니케이션의 핵심 원칙을 모두 포함하고 있다. 사람들과 함께 공유되고, 자신감과 공감을 조장하는 과정을 말한다.

커뮤니케이션의 장벽

당신의 커뮤니케이션 스타일이 무엇이든 사람들과 친밀하게 만들어 주는지, 아니면 거리감을 두게 하는지 스스로 물어보라. 커뮤니케이션 방식의 차이는 효과적인 커뮤니케이션을 방해하는 장벽일 수 있다.

스텔라 팅-투미Stella Ting-Toomey 박사는 캘리포니아 주립 대학의 인간커뮤니케이션학과 교수이다. 그녀는 효과적인 커뮤니케이션을 방해하는 광범위한 문화적 차이 세 가지를 발견했다.

문화는 사람들에게 세계를 생각하고 해석하는 방법을 제공한다. 우리 모두 세상을 다르게 보며, 같은 단어도 각자의 사람들에게 다른 것을 의미할 수 있다. 이것은 사람들 사이의 문화(아이디어, 신념, 가치)의 차이 때문일 수 있다. 국가 간의 차이만이 아니라 한 국가 내의 지역 간의 차이도 포함된다. 각각의 조직, 세대 등은 서로 다른 가치관, 신념, 행동 방식과 커뮤니케이션 방식을 유지한다. 따라서 개인적인 커뮤니케이션 스타일뿐만 아니라 우리는 각자 특정 문화의 커뮤니케이션 스타일을 가진 하나 이상의 문화에 속한다.

언어 장벽

같은 단어라도 어떤 사람들에게는 다른 의미일 수 있다. 마치 동일한 언어를 사용하는 것처럼 보일 때도 그렇다. 언어가 다르고 번역이 필요하면 오해의 가능성은 더욱 높아진다.

냉전 시기의 충격적인 기억 중 하나는 1959년 소련의 지도자 흐루쇼프가 유엔에서 미국에게 "우리는 당신을 묻을 것이다!"라고 말했던 상황이다. 이것은 핵 파괴 위협을 의미한다고 받아들여졌다. 그러나 흐루쇼프의 말을 보다 정확히 해석하면 "우리는 당신을 추월할 것이다!", 즉 경제적 우위를 의미했다. 언어 장벽뿐만 아니라 서구 사회가 소련에 가졌던 불안과 불신이 더 많은 불안감과 불길한 해석으로 이끌었던 것이다.

인지 차이

각각의 문화는 세계에 대한 다양한 기준과 사고 방법을 가지고 있다. 서로 다른 세계관은 새로운 정보, 지식과 아이디어를 비교, 평가 및 사용하기 위한 배경을 제공한다. 인지 장벽은 자신들을 둘러싼 세계에 의미를 부여하는 사고와 추론 방식이 다른 문화와 차이가 날 때 발생한다.

행동 차이

각 문화권에는 언어와 비언어 커뮤니케이션에 영향을 미치는 적절한 행동과 그렇지 않은 행동에 대한 자체의 사고와 신념이 있다. 이것은 시선을 마주치는 것이나 타인과 얼마나 가까이 서 있을 수 있는지와 같은 '규칙'처럼 간단하다.

어떤 문화권에서는 시선을 때때로 마주쳐야 하며, 사람들은 1미터 이상 떨어져 있어야 한다. 다른 문화권에서는 시선을 마주치면 무례하다 생각될 수 있으나, 매우 가까이 서 있는 행동은 허용된다.

행동 제약은 한 사람이 다른 사람에게 얼마나 많은 정보를 주느냐에 영향을 줄 수 있다. 일부 문화권에서는 재량과 제약이 중요하며, 간접적으로 문제를 이야기하는 것이 올바르다고 간주된다. 다른 문화권에서의 사람들은 보다 직접적이며, 정확하게 의미하는 바가 뭔지를 이야기한다.

각각의 문화는 느낌과 감정 소통에 있어 서로 다른 생각들을 갖고 있다. 일부 문화는 일반적으로 자신의 감정을 드러내며, 포옹이나 키스가 화난 고함이나 제스처와 교차하기도 한다. 그들은 울고 웃으며, 분노, 두려움, 불만 같은 감정을 나타내기를 두려워하지 않는다. 어떤 문화는 감정을 숨기고 상황의 사실적, 객관적 측면만 전달하는 것이 옳다고 여긴다.

각각의 문화권 사람들과 커뮤니케이션하다 보면 문제가 발생할 수 있다. 한 문화에서는 정서적으로 통제 불능이라고 생각할 수 있는 반면, 느낌과 감정을 자유롭게 표현하는 문화에서는 제한된 문화를 긴장했다고 추정할 수 있다. 관련된 사람들이 문화적 오해의 가능성을 인지하지 못한다면 더 큰 희생자가 될 것이다.

커뮤니케이션의 개인적 장벽

문화적이고 개인적인 커뮤니케이션 스타일뿐만 아니라 우리 개개인은 좋은 커뮤니케이션에 장애가 되는 개인적인 어려움을 항상 지니고 있다. 두려움, 분노, 불신, 질투, 의심, 고통, 스트레스, 불안 같은 부정적인 감정은 커뮤니케이션을 방해하고 오해를 불러올 수 있다. 따라서 자신감이 부족하거나 불안하거나 무시당하는 느낌이 들기도 한다. 건강이 좋지 않거나 통증, 시력 장애, 청각 장애로 인한 불편함도 장벽이 된다. 차이점과 장벽을 알고 이해하려는 노력은 효과적인 커뮤니케이션을 향한 핵심 단계이다.

CHAPTER 02

자신감 있게
커뮤니케이션하기

문화와 커뮤니케이션 스타일의 차이로 커뮤니케이션에 어려움이 생길 수 있다는 것을 이해한다면, 다른 사람들을 공감하고 이해하는 데 도움이 된다. 하지만 최고의 커뮤니케이터도 커뮤니케이션 기술을 약화시킬 수 있다. 그들이 감정의 소용돌이에 휩싸이거나, 굴욕에 빠지거나, 잘못 이해한다고 느끼거나, 혹은 다른 사람의 대답에 놀랐을 경우 등이다. 당신은 온갖 종류의 부적절하고 도움이 되지 않는 행동에 의존하고 있음을 발견할 것이다.

한 무리의 사람들을 이끌거나, 버스 정류장에서 대화를 나누거나, 다른 사람을 침착하게 하거나, 무엇을 말하는지 알아듣지 못하겠다고 이야기해야 한다면 당신에게는 두 가지 자질이 필요하다. '자신감'과 '공감'이다. 자신감이란 당신이 커뮤니케이션을 잘할 수 있다고 '믿는 것'이다. 공감은 다른 사람들의 관점, 생각, 주장, 느낌을 '이해'하는(반드시 동의할 필요는 없는) 능력을 제공한다. 당신이 자신감이나 공감 능력을 갖고 있지 않다면 이제 그러한 자질을 발전시킬 방법을 배울 수 있을 것이다.

자신감

먼저 자신감이 오만함과 다르다는 사실을 이해하는 것이 중요하다. 누군가 자신의 중요성에 대해 과장된 의견을 갖고 있을 때를 말한다. 오만한 커뮤니케이터는 다른 사람들에게 깊은 인상을 주려고 노력하지만, 자신감 있는 커뮤니케이터는 다른 사람들이 감동을 받았는지 걱정하지 않는다. 자신감 있는 커뮤니케이터는 상호 존중, 배려와 이해에 더 관심을 갖는다.

커뮤니케이션 tip

자신감과 자부심을 키워라. 어디를 가든 사람들과 대화하는 습관을 들여라. 우편물을 배달해 주는 분에게 "안녕하세요"라고 인사하라. 그들의 하루는 어떤지 질문하라. 당신이 슈퍼에 갔다면 계산대 직원에게 말을 걸라. 전화 상담사와 통화를 한다면 오늘 얼마나 바빴는지 물어보라. 직장에서 당신이 자주 대화하지 않는 사람과 이야기할 거리를 찾아라. 이웃에게 아는 척하고 잠깐 들러 짧은 대화를 나누라.
사람들과의 대화가 두렵다면 유일한 극복 방법은 오히려 자주 하는 것이다. 일어날 만한 최악의 상황은 무엇일까? 당신이 퇴짜를 맞거나 거절당하는 것이다. 두려움을 느끼더라도 어쨌든 하라. 당신이 두려움을 극복한다면 곧 습관이 될 것이다. 좋은 습관은 깨기 어렵다!

자신감 있는 사람도 다른 사람들과의 커뮤니케이션을 걱정할까? 그렇다. 그들도 걱정을 한다. 다만 효과적인 커뮤니케이터는 자신감이 부족한 사람들과 달리 행동을 취하고 커뮤니케이션의 결과에 책임을 진다는 것이다.

자신감 있는 사람들은 얼마나 두려운지, 불안감을 느끼는지에 집중하기보다는 용기를 이용한다. 그들은 두려움이나 걱정에도 불구하고 다른 사람들과 커뮤니케이션한다. 그들은 어디에서든 일단 시작해야 한다는 점을 안다. 자신감 있는 사람들은 행동을 취한다. 그들은 커뮤니케이션을 시작하기 전에 자신감이 생기기를 기다리지 않는다.

커뮤니케이션 예시

삼 년 전 알리는 같은 회사에서 근무하는 톰을 만났다. 알리는 말했다.

"내가 처음 톰을 알았을 때, 그가 다른 사람들을 얼마나 자신감 있게 대하는지 보고 놀랐습니다. 그는 매니저나 동료와 대화를 나누든, 고객과 협상을 하든 누구와도 쉽게 커뮤니케이션을 했습니다. 익숙하지 않은 사람들과 좀 더 비공식적으로 일상적인 주제에 관해 대화를 했고, 몇 분 만에 오랜 친구들처럼 농담하고 담소를 나눴습니다. 나는 톰이 남의 시선을 의식하지 않는 점을 부러워했습니다.

내가 사람들과 대화를 시작하지 않는 이유는 나와의 대화에 관심이 없다고 생각했기 때문입니다. 비록 내가 여러 관심사를 갖고 있지만, 다른 사람들에게 흥미 있게 이야기할 거리가 없다고 생각했습니다. 내가 시작하려던 어떤 대화들도 어색하고 불편할 것이라 생각했습니다. 나는 다른 사람들도 어느 정도는 이런 식으로 느낀다는 것을 깨달았습니다.

'일반적으로 다른 사람들은 좋은 의도를 가지고 있다. 당신은 신뢰하는 위치에서 시작해야 하며, 다른 사람들이 당신을 곤란하게 만들려고 하지 않는다고 믿어야 한다. 누군가와 이야기하고 있다면 그는 단순히 당신과 현재 상황, 그리고 대화 주제에 집중하고 있다.' 이 깨달음은 나를 위한 전환점이었습니다!"

다른 사람들도 종종 커뮤니케이션을 불안해하고 남을 의식한다는 사실을 알기만 해도, 보다 나은 커뮤니케이션 스킬에 필요한 두 번째 중요한 특성인 '공감'을 얻을 것이다.

공감

커뮤니케이션 능력이 좋은 사람은 상대방이 자신과의 커뮤니케이션에 긍정적인 느낌을 가지기를 바란다. 가장 효과적인 방법은 공감하면서 커뮤니케이션하는 것이다.

공감을 얻는 것은 아첨과는 다르다. 아첨은 과하게 경청하거나, 상대에게 환심을 사거나, 지나치게 호의적인 태도를 취하는 것이다. 공감은 단순히 상대의 상황, 관점, 생각, 감정을 인식하고 이해하려는 노력이다. 그렇다고 상대의 생각이나 의견, 감정에 동의해야 한다는 의미는 아니다. 또한 상대의 상황을 자기 것으로 만든다는 의미가 아니다. 상황을 떠맡지 않으면서 관심을 보이고, 그들의 필요와 감정에 반응할 준비가 되어 있어야 한다.

공감하는 사람들은 상대의 말과 느낌을 헤아리기 위해 자신의 경험을 바탕으로 이야기를 끌어내는 것을 잘한다. 그러나 그들은 그것을 단지 출발점으로 사용하지 마지막으로 사용하지는 않는다.

공감으로 커뮤니케이션하기는 당신과 다른 부분이 있다는 점을 인정한다는 의미이다. 그 차이가 커뮤니케이션에 방해가 되어서는 안 된다. 공감은 누군가의 경험을 그의 기준 안에서 이해하는 것에 도움이 되기 때문에 커뮤니케이션의 문화적 차이를 극복하게 해준다.

공감은 사람들을 연결한다. 공감은 신뢰를 구축하고, 커뮤니케이션을 쉽고 빠르게 만든다.

커뮤니케이션 tip

동료나 친구, 가족이 전화하여 자기 연민의 방식으로 끊임없이 불평을 하는 상황인데 마땅한 해결책을 찾을 여지가 없다고 상상해 보라. 공감 능력이 없다면 쉽게 인내심과 동정심을 잃을 것이다. 그러나 그들의 입장에서 생각해 보라. 스트레스, 압도당하는 느낌, 아프거나 희생된 느낌과 감정을 상상해 보면 알 수 있다. 확실하지 않다면 "당신은 스트레스를 느끼고 있는가?", "당신은 매우 걱정하고 있는가?"라고 질문해 보라. 그들의 느낌이 무엇이든 아마 당신도 똑같은 느낌을 가진 적이 있을 것이다. 즉, 당신도 공감할 수 있다. 다음부터 당신은 이러한 이해를 염두에 두고 계속 커뮤니케이션할 수 있다.

단서를 찾아라.

상대의 입장에서 생각해 보는 능력은 상상력과 노력이 필요하며, 당신이 대부분의
작업을 수행해야 한다. 상대는 자신이 느끼는 것을 항상 자세히 설명해 주지 않는
다. 사람들은 명백하지 않은 미묘한 방법으로 단서를 준다. 이러한 단서를 찾아라.
상대가 무엇을 이야기하는지, 무엇을 이야기하지 '않는지', 어떻게 이야기하는지,
무엇을 하는지 등 당신을 도울 단서는 많다.

구두 언어, 준언어, 보디랭귀지 간의 연관성을 더욱 잘 인식하도록 연습하라. 그것
들이 모두 같은 이야기를 하고 있는가? 또한 상대의 커뮤니케이션 방식에 변화가
있는지 주의하라.

상대방의 감정과 기준을 이해하는 것뿐만 아니라, 당신이 어떻게 무엇을 커뮤니케
이션하는지를 통해서도 공감의 가치가 도출된다.

커뮤니케이션 강점

공감 능력과 자신감이 어느 수준인지 상관없이 커뮤니케이션 기
술을 발전시킬 가장 좋은 방법은 당신의 강점에서 나온다. 당신의
커뮤니케이션 강점을 사용하여 자신감을 키울 수 있다. 당신이 무
엇을 잘하는지 알면 자신감이 발휘되며, 강점을 사용할 때 당신은
무언가를 잘하고 있는 것이다.

앞의 테스트에서 당신은 자신의 강점을 알아보았을 것이다. 당

신이 커뮤니케이션하는 방법 중 하나가 강점인지 어떻게 확신할 수 있을까? 자연스럽게 느껴지고 특정 상황에서 잘 커뮤니케이션한다면 강점이 된다. 어쩌면 당신은 직접적이고 솔직하게 커뮤니케이션할 수 있다. 그렇다면 당신은 분명하고 간결하며 신속하게 요점에 도달하고 상황을 전진시킨다.

아니면 당신이 시간을 갖고 사람들과 관계를 맺으며 연락하는 것을 편안하게 느끼거나, 새로운 아이디어와 가능성을 고려하고 확장하는 대화를 잘 이끌어 나갈 수도 있다. 다른 활동을 하면서 상대와 커뮤니케이션을 즐기거나, 듣기만 해도 복잡한 정보를 받아들일 수도 있다. 어쩌면 대화하며 아이디어를 시각화함으로써 당신의 생각과 개념을 상대에게 쉽게 설명할 수 있을 것이다.

커뮤니케이션 실천

1장에 있는 테스트로 돌아가 당신의 3가지 커뮤니케이션 강점을 골라 본다. 언제 어떻게 그 강점들을 사용하는지 예시를 적어 보라.

● 직장에서
● 가족들과
● 친구들과
● 다른 어떤 상황에서든

당신이 강해지는 부분, 효과적인 커뮤니케이션 기술을 갖는 부분을 잘 알고 활용하라. 요령은 언제 어떠한 강점을 사용하는지 아는 것이다. 커뮤니케이션 강점을 성공적으로 사용한 경험과 실패한 경험을 생각해 보라. 어떤 패턴이 있는가?

낭신의 강점을 알고 기둥으로 만들라. 그때야말로 당신이 자신감 있는 커뮤니케이터가 되는 순간이다. 당신이 커뮤니케이션을 잘할 가능성을 알면 상대의 상황에 맞춰 커뮤니케이션 강점을 활용하고 적응시킬 것이다.

커뮤니이션 강점 사용하기

브로니는 웹사이트 개발 회사에서 일하며, 주말에 등산을 즐긴다. 브로니의 강점은 특히 다른 활동을 하면서 사람들과 시간을 갖고 관계를 맺으며 연락하는 점이다. 그녀는 새로운 아이디어나 가능성을 모색하는 대화를 즐긴다. 그녀는 쉽고 편안하게 아이디어와 개념을 명확하고 간결한 방식으로 이야기할 수 있다.

직장에서 브로니의 강점은 고객들을 대하는 인내심으로, 고객들이 해야 하는 일과 하기 싫어하는 일을 분명히 하도록 도와준다. 그녀는 시간을 들여 고객들의 아이디어와 요구를 파악하며, 그것들이 웹사이트에서 어떻게 사용되는지 설명해 준다.

여가 시간에 브로니는 등산을 즐긴다. 다른 사람들과 대화할 기회를 주고, 그녀의 사회생활을 넓히며, 등산으로 건강해질 수도 있기 때문이다!

커뮤니케이션 약점

훌륭한 커뮤니케이션 기술은 단순히 자신의 강점을 알고 사용하는 것이 아니다. 커뮤니케이션은 다양한 개인적, 문화적 맥락에 따른 역동적인 프로세스임을 기억하라. 때로는 너무 직접적이거나 수동적이다. 예를 들어, 말하기 전에 생각할 시간을 가지기를 원할 수도 있다. 당신이 명확하게 이야기하기 위한 강점이겠지만, 빨리 결단을 내려야 하는 압박 면접 같은 상황에서는 당신을 힘들게 만들 수 있다.

하나 더 예를 들자면, 당신은 요점에 맞는 대화나 토론을 좋아할 수도 있다. 당신이 회의를 이끌어 나간다면 강점이 되지만, 다른 사람이 담당하여 토론의 요점을 벗어나는 대화를 이끌어 간다면 문제가 될 강점이다. 이런 상황에서 기대와 감정의 범위는 효과적인 커뮤니케이션을 가로막을 수 있다.

기대와 감정

기대와 감정이 방해한다면 강점, 자신감, 공감이 사라질 수 있고, 일련의 부정적인 커뮤니케이션과 행동에 의지하는 자신을 발견할 수도 있다. 다른 사람에게 뾰로통하거나, 무시하거나, 소리 지르거나, 공격적인 언어를 사용하며 협조를 거절하는 것이다.

다른 사람들과 커뮤니케이션하는 방법에 합리적인 기대가 있는지 자문해 보라. 당신이 잘 아는 사람이라고 해서 당신이 의미하는 바를 꼭 '알아야' 하는가?

당신은 마음이 잘 맞는가?

사귀는 사이인 연인들은 서로 커뮤니케이션하며 의미하는 바를 분명히 알 수 있다고 생각한다. 많은 사람들이 낯선 사람보다 파트너와 더 잘 커뮤니케이션한다고 생각한다. 하지만 사비츠키savitsky 등의 조사에 따르면, 연인들의 커뮤니케이션이 낯선 사람과의 대화보다 나을 것이 없다고 한다. 왜 그럴까?

우리는 친밀한 관계에서는 실제로 존재하는 것보다 많은 통찰력과 이해가 있다고 믿는다. 반면 모르는 사람과 이야기를 할 때는 '친밀한 편견'을 갖지 않아서 더 많은 정보를 자동적으로 찾는다.

연구자들은 친구 사이를 더 많이 연구했다. 파트너와 마찬가지로 친구들은 서로 커뮤니케이션하면서 자신들의 효율성을 과대평가했다. 커뮤니케이션 문제는 서로 같은 시각을 가질 것을 기대했을 때 발생했다. 친구들이 같은 정보나 관점을 공유하지 않는다 생각한 경우에는 발생하지 않았다.

우리는 커뮤니케이션에 옳거나 그른 방법이 있다고 생각한다. 대부분의 경우 우리의 기대가 어떻게 커뮤니케이션의 실패와 오해, 갈등, 불신을 만들어 내는지 모른다. 기대가 명확하게 설명되지 않은 불완전한 커뮤니케이션은 혼란스러우며 감정을 지배한다. 감정은 당신에게 무언가를 전달하는 메신저이다. 감정은 느낌을 표현하며, 당신의 커뮤니케이션 방법에 큰 영향을 미친다.

감정적일 때 작동하는 두뇌의 영역은 분석이나 합리화, 추론하는 동안 작동하는 영역과 다르다. 당신이 감정적이면(분노, 질투, 흥분 등) 생각을 하거나 문제를 해결할 수 없다는 의미이다. 마치 당신이 벽 뒤에 있는 것과 같다. 다른 사람들이 감정적인 경우에도 똑같은 일이 일어난다. 당신이 어떤 대화를 하든 마치 사람이 아니라 감정에게 하는 것처럼 된다.

감정을 긍정적으로나 부정적으로만 생각하면 당신의 커뮤니케이션 능력을 제한한다. 감정은 그냥 존재하는 것이다. 좋거나·나쁘거나, 옳거나 틀린 감정은 없다. 긍정적이거나 부정적인 감정은 오직 행동과 커뮤니케이션의 결과가 긍정적이거나 부정적일 때밖에 없다. 문제는 당신이 감정을 인식하고 인정해야 한다는 점이다. 당신이 어떻게 느끼는지 이해하고 감정을 한쪽으로 치워서 뇌의 생각하고 추론하는 부분이 작동하도록 만드는 것이다.

정서 지능은 당신뿐만 아니라 다른 사람들의 감정, 의도, 반응을 이해하고 관리하는 능력이다. 정서 지능을 발휘하면 당신은 효과적인 커뮤니케이터가 된다. 당신은 감정에 지배되지 않기 때문이다. 모든 커뮤니케이션에서 감정이 당신을 지배하지 않도록 해야 한다.

감정이 당신을 지배하지 않고 오직 커뮤니케이션을 알리는 역할만 하도록 하라.

정서 지능을 사용할 때, 감정에 대한 이해와 경험은 당신이 공감하도록 도와준다. 당신은 상대의 감정이 커뮤니케이션에 얼마나 영향을 주는지 고려할 수 있다. 당신의 경험을 가이드로 사용하라. 다만 주어진 상황에서 상대는 당신과 다르게 느끼거나 생각할 수 있음을 명심하라.

감정을 인식하고 이해하지 못하면 커뮤니케이션을 잘하기가 어렵다. 당신의 감정에 익숙하지 않으면 상대의 감정도 느끼지 못할 것이다. 당신의 감정을 더 많이 알면 보다 쉽게 상대를 이해하고 소통할 수 있다는 의미이다.

당신 자신과 당신의 감정을 알고 잘 다룰수록 상대의 감정을 더 잘 이해하게 된다. 감정적 지능을 향상시켜라!

첫째, 당신이 느끼는 것이 어떤 감정인지 확인하라. 둘째, 감정이 주는 메시지를 스스로 물어보라. 셋째, 메시지가 당신의 말과 행동을 알려 주도록 하라.

예를 들어, 감정적인 반응이 "나는 화났어! 모두 네 잘못이야!"라고 해보자. 정서 지능을 이용하면 당신의 반응은 "나는 화났어! 나는 너무 화가 나서 똑바로 생각할 수 없어. 내가 진정한 후에 다시 이야기해 보자"로 바뀔 것이다.

CHAPTER 03

적극적인 경청과
열린 질문들

적극적인 경청

경청listening과 듣기hearing의 차이점이 무엇이라고 생각하는가? 둘은 같은 것인가?

무언가를 들었다면 당신은 단순히 소리를 '의식'했다는 것이다. 듣는 것은 '소극적' 프로세스다. 소리를 받아들이기 위한 아무런 노력도 안 해도 된다. 당신이 들은 소리는 당신이 의미를 부여하기 전까지 아무런 의미를 갖지 않는다.

경청은 '적극적' 프로세스다. 당신이 보고 들은 메시지에 주의를 기울이고, 해석하고, 의미를 도출해야 한다. '적극적인 경청'은 한 단계 더 나아간다. 커뮤니케이션 기술로써 상호 공감과 이해를 증진시키기 위해 화자에게 집중하여 듣고 응답하는 체계적인 형태이다.

적극적인 경청은 상담, 중재, 관리, 멘토링 같은 전문적인 상황에서 사용되는 기법이다. 아울러 직장에서 아이디어를 논의하거나, 자녀와 상호 작용을 하거나, 슈퍼마켓에 줄 서서 짧은 대화를 나누는 등 다양한 상황에서 우리 모두에게 유용하게 쓰인다. 보다 나은 청자가 되는 방법은 적극적인 경청을 배우고 연습하는 것이다.

적극적인 경청자가 되는 법

적극적인 경청은 확실히 복잡하지 않다. 단순히 긍정적이고 적극적인 태도와 많은 연습이 필요하다!

적극적인 경청에는 두 가지 요소가 있다. 수용과 인정이다. 두 요소 모두 상대가 말하는 것에 관심과 이해를 가지도록 도와준다. 수용과 인정은 또한 당신이 상대의 이야기에 흥미가 있고 이해하고 있음을 알려 준다.

수용은 '소극적'인 행위이다. 방해하거나, 판단하거나, 기각하는 것처럼 상대가 하는 말을 부정하지 않고 청취하는 능력이다. 수용적 커뮤니케이션은 자신감과 신뢰감을 심어 준다.

인정은 '적극적'인 프로세스이다. 커뮤니케이션에서 상대방이 무엇을 표현했는지에 대한 인식과 배려로 응답할 때 일어난다.

수용과 인정 모두 언어 커뮤니케이션과 비언어 커뮤니케이션을 사용하여 전달된다.

비언어적 반응

비언어적 수용과 이해는 시선을 마주치거나, 머리를 끄덕이거나, 미소를 짓거나, 팔을 만지는 것처럼 단순하지만, 동시에 심오할 수 있다. 누군가를 붙잡거나, 동정심 있는 표정을 짓거나, 부드러운 터치는 말로 표현할 수 없는 방식으로 접근하게 한다. 상대의 말에 감정과 내용을 반영하는 표정을 사용하는 것은 당신이 상대가 말하는 내용에 관여했음을 보여 주는 효과적인 방법이다.

누군가 당신과 대화 중이라면 (대개 무의식적으로) 자신의 이야기를 듣고 있는지 알기 위해 언어 및 비언어적 반응을 찾을 것이다. 비언어적 반응은 반드시 상대에 동의함을 전달할 필요는 없다. 단순히 당신이 듣고 있다는 것만 보여 주면 된다.

당신이 누군가와 말한다면 비언어적 반응을 살펴보라. 당신은 상대가 비언어적 수용과 인정을 전달하기 위해 무엇을 하는지 알아차릴 수 있는가?

언어적 반응, 준언어적 반응

당신이 이해했음을 화자가 느끼도록 도와주는 반응은 커뮤니케이션을 용이하게 한다. 아래의 표는 주요 경청 기술과 목적, 예시를 설명한다. 당신이 상대와 커뮤니케이션하며 경청할 때 사용할 기술들이다. 당신이 기억하거나 이해하기에 어렵지 않을 것이다. 상대와의 관계에서 이 기술들을 효과적으로 사용하는 것이 당신의 도전이다. 연습과 인내가 필요하다!

경청 테크닉	목적	예시
발화	·당신이 청취하고 있고, 흥미가 있음을 보이기 위해 ·발표자가 지속하도록 격려하기 위해	·아하 ·그렇구나 ·오? ·정말? ·응 ·아
반영, 부연, 요약	·의미를 확인하기 위해 ·당신이 청취하고 있고 이해하려 노력함을 보여 주기 위해 ·공감 획득을 돕기 위해	·나는 ~로 이해하는데 ·너는 ~라 말한다고 생각하는데, 맞아? ·너는 ~라고 생각해? ·너는 ~라고 느껴?
명확성	·오해를 피하고 명확히 하기 위해	·나는 단지 확신하고 싶어 ·나는 너를 이해해. 내가 분명히 할 수 있을까? ·물어봐도 되니? ·말해 줄 수 있어? ·~는 무슨 뜻이야?

언어적 인정과 수용은 당신이 경청하고 있다는 점을 나타내 준다. 주의를 기울여 상대의 말을 이해하기 위해 집중하고 있다는 신호이다.

"그래", "아하!", "계속해", "그렇군" 등 짧은 언어적 설명을 사용하면서 관심을 표현하면 화자가 계속해서 이야기를 이어 나가는 격려가 된다.

반영이나 부연은 청자가 자신의 단어와 구절, 해석과 이해를 반영하여 이야기하는 것이다. 종종 상대가 이야기한 내용을 요약하는 것으로 나타나기도 한다. 당신이 상대의 감각이나 중요한 부분을 이해했는지 확인하는 것이다. 때로는 상당히 어려울 수 있다. 상대가 말하는 동안 청자인 당신은 대화의 주요 요점이나 메시지를 머릿속으로 기억하고 있어야 하기 때문이다. (당신의 감각을 사용할 수도 있다. 시각적 커뮤니케이터는 대화의 주요 요점을 머릿속에서 시각적으로 표현하여 기억한다.)

반영하고 부연하면서 당신이 말하는 사람에게 동의할 필요는 없다. 당신이 어떻게 생각하는지, 어떻게 해석했는지만 말해 주면 된다. 그러면 당신이 대화를 이해했는지 아닌지를 상대가 알도록 도와준다. 말하는 사람이 표현하고자 한 바를 당신이 이해하지 못했다면 더 많은 설명을 해줄 것이다.

적극적인 경청은 당신이 배울 아주 중요한 커뮤니케이션 기술이다. 교감, 공감, 이해를 발전시키는 가장 빠른 길이다. 카운슬러, 협상가, 관리자, 영업 직원, 교사 등이 다른 어떠한 기술보다도 많이 사용하는 방법이다. 물론 전문적인 상황은 체계적이고 정돈된 커뮤니케이션 방식을 사용한다. 매번 누군가가 당신에게 말할 때마다 반응하고 부연하는 것은 부자연스럽다.

적극적인 경청은 공식적이든 비공식적이든 여러 상황에서 다양하게 사용된다. 요령이라면 마치 당신이 (그렇게 하든 아니든) 반영하고 부연하려는 듯이 경청하는 것이다. 이것이 바로 적극적인 경청이 강력한 이유이며, 당신의 경청에도 도움이 된다. 적극적인 경청을 연습하고 상대의 말을 이해하는 것이 당신의 목표임을 상기하자.

린   직장에서 맥스와 논쟁을 벌인 이후로 한 번도 말한 적이 없어.

크리스 정말?**(발화)**

린   응. 벌써 2주째 그러고 있는데, 나만 괴로운 게 아니라 사무실 분위기도 불편해지고 있어. 오늘은 반대편에 앉은 앤이 맥스와 나 사이에 뭔가 잘못되었다는 것을 알아챘다고 말했어.

크리스 너와 다른 사람들 모두에게 영향을 미치는구나.**(부연)**

린   좀 속상해. 꼭 해결해야 할 것 같아. 아니면 모두 참석하는 7월 연례 회의에서 큰 문제가 될 거야. 우리 팀이 발표할 프레젠테이션을 위해 할 일이 꽤 많이 있고, 맥스와 나도 관련되어 있어. 물론 회의 마지막 날에는 파티가 있을 거야. 우리가 여전히 대화하지 않는다면 별로 재미있지 않겠지. 정말 화해하고 싶지만 그가 자꾸 나를 화나게 해. 내게 아이가 없어서 그가 야근하는 것이 얼마나 어려운지 이해하지 못한다고 생각하나 봐. 너도 알다시피 나도 약속이 있다고.

크리스 다시 확인해 볼게. 아이를 갖는 것이 어떠한지를 네가 이해하지 못한다고 맥스가 생각하기 때문에 너는 화가 난 거야. 너는 너의 불화를 수습해야 한다고 말한 게 맞아? 그러지 않으면 회의를 계획하고 참석하는 데 어려움을 겪을 테니까?**(반영, 부연, 명확성)**

린   맞아. 우리가 꼭 풀어야 할 필요는 없지만, 푼다면 나와 맥스나 다른 사람들도 훨씬 편해지겠지.

크리스 다음 단계는 뭐야?**(열린 질문)**

적극적인 경청은 화자가 이해받고 있다고 느끼게 만들고, 열린
대화를 하도록 북돋아 준다.

감정적 측면에서 화자의 말을 해석할 경우가 종종 있다. 이미 일
어난 일을 반복하여 말하는 대신 "네가 ~이 일어났을 때 엄청 화
났겠구나"라고 덧붙여 말할 수 있다. 화자는 당신에게 동의하거나,
"화가 났다기보다는 그냥 혼란스러웠어"처럼 메시지를 바로잡아
줄 수 있다.

지두 크리슈나무르티Jiddu Krishnamurti는 다음처럼 말했다. "완전하
고 주의 깊게 누군가의 말을 경청하는 동안 당신은 단어만이 아니
라 전달되는 전체의 감정도 함께 받아들인다."

경청은 습득하는 기술이다. 많이 연습할수록 더욱 잘 경청하게 된다. TV나 라디오로 토론 프로그램을 들어 보라. 그중 누군가의 말을 하나 골라서 다양한 방법으로 재표현해 보라.

적극적인 경청을 친구와 함께 연습하라

아래 주제 중 하나를 골라 한 사람이 2분 동안 이야기하라. 다른 사람은 적극적인 경청 기술을 사용하여 흥미와 이해를 보여야 한다. 화자가 이야기를 끝내면 청자는 화자가 어떤 이야기를 했고 어떻게 느꼈는지 다시 한 번 말해 주는 것이 중요하다.

● 내가 가졌던 최고의 직장이나 휴가
● 내가 가졌던 최악의 직장이나 휴가
● 내가 한때 기르던 애완동물
● 100억 원짜리 복권에 당첨된다면?
● 당신이 크리스마스를 좋아하거나 싫어하는 이유
● 다른 사람들의 거슬리는 습관

명확한 커뮤니케이션

경청 기술을 향상시키려면 다른 사람의 말을 받아들이고 인정하

라. 방해하지 않으면서 듣고, 언어 메시지와 비언어 메시지를 사용하여 흥미와 이해를 보여 주라. 간단하고 직설적인가?

여러 가지 이유로 당신에게는 다른 사람이 말하는 것이 명확하지 않을 수 있다. 이해를 높이기 위한 방법으로는 물론 질문이 있다. 알맞은 타이밍에 던지는 적절한 질문은 효과적인 커뮤니케이션의 중심이다. 몇 가지 일반적인 질문 기법이 있다. 언제 질문들을 사용해야 하는지 알려 주고자 한다.

열리거나 닫힌 질문들

새로운 정보를 획득하거나 명확히 하는 효과적인 방법은 질문으로 상대의 마음을 열고 보다 많은 설명을 제공받는 것이다. '열린 질문'이 이 역할을 한다. 열린 질문은 더 긴 대답을 이끌어 낸다.

열린 질문에 대해 알아보기 전에 '닫힌 질문'부터 먼저 살펴보자. '예/아니오'라는 대답을 요구하는 질문들이다. 닫힌 질문은 대화를 막다른 길로 인도하지만 다음과 같은 경우에 유용하다.

- 사실을 얻을 때
- 빠르고 쉽게 대답을 얻을 때
- 질문자와의 대화에서 내가 통제권을 유지할 때

닫힌 질문들은 사실을 입증하고 명확한 해답을 얻는 데 유용하다. "이것이 너의 펜이니?", "차를 달라고 했니, 커피라고 했니?" 등이다. 더 기만적인 목적으로 사용되기도 한다. 닫힌 질문들은 상대를 당신의 생각으로 끌어들이기 위해 사용될 수 있다. 다양한 방법이 있는데, 우선 아이디어와 의견을 수사적 의문문으로 표현하는 것이다.

수사적 의문문은 실제 질문이 아니며 대답을 요구하지 않는다. 수사적 의문문은 상대를 당신의 생각으로 이끄는 설득 기술이다. 수사적 의문문은 질문의 형태로 나타난다. "오늘 늦게까지 논다면 내일 너의 운전 시험은 어떻게 될까?", "우리가 고래를 구해야 한다는 점에 동의하니?" 같은 수사적 의문문은 청자를 참여시키는 효과적인 방법이다. "우리는 고래를 구해야 해"처럼 그냥 말하는 것보다 훨씬 더 당신에게 동의할 가능성이 높다.

어떤 의견이라도 문장 마지막에 따라오는 구절에 따라 '예'나 '아니오'로 응답을 강요하는(또는 동의를 요구하는) 닫힌 질문이 될 수 있다. "그렇지 않아?", "너는 아니야?", "그들은 안 그래?" 등이다. "싼 옵션이 더 나은 것 같아, 그렇지 않아?", "너희 모두 동의하지? 아니야?" 등의 예시가 있다.

닫힌 질문으로 상대의 생각을 조작하는 또 다른 방법은 가정이다. "내년까지 기다려서 이 제품을 사길 원한다면 얼마나 더 비싸

질지 물어볼 필요가 있다"는 말은 내년에 제품 가격이 '올라간다'고 가정하고 있다.

닫힌 유도 질문들은 쉽고 빠르게 대답하는 방식으로 구성될 수 있다. 당신이 원하는 대답을 얻어 내면서 상대에게도 선택권이 있었다고 가정하도록 한다. "소시지를 먹기 전에 브로콜리를 먹고 싶니? 아니면 소시지를 먹은 후에 브로콜리를 먹고 싶니?"라고 하면 아이들이 브로콜리를 먹도록 유도하기에 유용하다!

유도 질문들은 조심스레 사용해야 한다. 자신의 이익만 챙기거나 상대의 이익을 해치는 방식으로 사용하면, 당신은 교묘하게 사람을 조종하고 정직하지 못하게 행동한 것이다.

한편으로는 경영, 멘토링, 코칭 등에서 닫힌 유도 질문은 긍정적으로 사용된다. 닫힌 질문들은 상대가 당신의 제안을 고려하고 동의하도록 도와준다. 예를 들면 "자격증을 얻는 것이 좋지 않을까요?"가 있다.

커뮤니케이션 tip

수사적 의문문은 여러 개를 사용하면 더욱 강력해진다. "자격증을 얻으면 좋지 않을까요?", "흥미 있고 성취감을 주는 직업으로 이끄는 자격증 말이죠?", "급여가 좋고, 해외여행 업무가 있고, 많은 특전을 제공하는 직업을 갖고 싶은가요?"

이제 '열린 질문'을 알아보자. 닫힌 질문은 닫힌 답을 이끌어 내고, 화자가 대화의 통제권을 갖는다. 열린 질문들은 반대이다. 열린 답을 이끌어 내고, 청자에게 대화의 통제권을 넘긴다. 열린 질문을 사용하여 대화를 열고 상대가 이야기하도록 유도한다. 열린 질문은 말하는 사람의 지식, 의견, 아이디어와 느낌에 관하여 질문한다. 대개 '무엇', '왜', '어떻게', '말해 줘', '설명', '묘사'로 시작한다. "왜 그가 그렇게 말했을까?", "어떻게 그 일이 일어났을까?", "당신의 계획을 말해 줘" 등이다.

열린 질문의 좋은 점은 다음과 같다.

- 구체적인 세부 사항과 일반적인 정보를 얻을 수 있다
- 아이디어와 의견을 얻고 기분을 이해한다.
- 더 많은 대화를 유도하고, 청자에게 대화의 통제권을 부여한다.

열린 질문들은 구체적인 세부 사항을 줄 수 있다. 어쩌면 상대가 말한 것에 차이가 있을 것이다. 그들이 고의로든 아니든 정보를 주지 않기도 한다. 어쩌면 당신은 상대의 정보가 어디서 왔는지 알고 싶거나, 왜 그런 말을 했는지 확신하지 못할 것이다. "당신이 어떻게 ~을 아시죠?" 등이다.

때로 파악하기 어려운 주장이나 이론, 아이디어를 상대가 표현

하면 당신은 구체적인 예시를 물을 것이다. "당신의 말이 무슨 뜻인지 잘 모르겠습니다. 예시를 좀 들어 주겠습니까?", "실생활에 어떻게 작용합니까?"

상대가 해당 주제에서 벗어난다면 당신은 "지금 말하는 ~에 대한 내용이 어떤 관련이 있는지 알 수 있습니까?"라고 질문할 수 있다. 당신은 세부적으로 더 알고 싶은 부분을 강조하여 화자가 말한 내용을 반복할 수도 있다. "그가 당신은 '멍청하다'고 말하지 않았죠?", "그가 '당신은' 멍청하다고 말하지 않았죠?"

대화를 열고 상대에게 통제권을 주고 싶다면 열린 질문을 통해 상대의 생각과 감정, 아이디어, 의견에 관해 물어볼 수 있다. "어떤 느낌을 받았습니까?", "더 많이 알려 주겠습니까?", "무슨 일이 있었는지 설명해 줄래요?", "그 점에 대해선 어떻게 생각하죠?" 등이다.

당신이 요점을 확실히 하거나 좀 더 알아내야 할 때마다 대화의 여러 지점에서 열린 질문을 던질 수 있다. 열린 질문은 '깔때기 질문Funnel question'으로 알려진 특정 기술에도 사용된다.

깔때기 질문은 보다 자세한 내용으로 들어가거나, 보다 일반적인 정보를 알아보는 일련의 질문이다. 세부 사항을 늘리는 깔때기 질문은 청자인 당신에게 보다 적은 주제에 관한 더 많은 정보를 준다. 이 기술은 일반적인 질문으로 시작하여 각각의 대답을 통해 많은 세부 사항을 수집하면서 요점을 좁혀 나간다. 화자를 안내해 주고, 집중하여 세부 사항을 기억하도록 도움을 준다.

캐리 회의에 대해 더 말해 줘.

샘 잘 진행된 것 같아. 단지 몇 가지 문제가 있었어.

캐리 그중 하나가 구체적으로 뭐였어?

샘 완료 날짜에 동의하지 못했어.

캐리 그녀가 추천한 정확한 날짜가 언제야?

샘 다음 달 15일.

상대를 선택된 영역에 집중시키는 열린 질문인 '더 말해 줘'로 물음을 시작하면 일반적으로 더 많은 정보를 제공하며, 세부 정보에 관하여 보다 많은 질문을 할 기회가 청자인 당신에게 주어진다.

'구체적으로', '정확히', '특히' 같은 집중 단어의 사용은 화자가 세부 정보의 특정 지점을 보다 자세하게 설명하도록 지시한다. 이 단어들은 '무엇이', '어떻게', '언제'와 함께 사용된다. 예를 들면 "그녀가 다음 달 말까지 미루는 것을 별로 좋아하지 않았다고 했잖아. '구체적'으로 그녀가 뭐라고 말했어?"이다.

깔때기 질문 기술을 사용하면 잠재적인 갈등이나 과열된 상황을 완화하며, 상대가 진정으로 이해하도록 도와준다. 깔때기 질문을 통하여 문제에 대한 세부 정보를 얻을 수 있다. 상대의 감정에서 주

의를 돌릴 수도 있으며, 당신이 상대를 이해하도록 만들고, 아마도
도울 수 있는 방법도 알게 될 것이다.

커뮤니케이션
tip

깔때기 질문이 어떻게 사용되는지 알기 위해 BBC 라디오 4의 〈선택The Choice〉이
라는 라디오 프로그램을 들어 보라.

세부 정보를 '늘리는' 깔때기 질문은 청자인 당신에게 더 적은
주제에 관한 더 많은 정보를 준다. 반대로 세부 정보의 요구를 '줄
이는' 깔때기 질문은 보다 일반적인 주제에 관한 더 넓은 정보를 당
신에게 제공하기 위해 질문을 확대한다. 예를 들면 '그 외에 누구?'
와 '그 외에 무엇을?' 같은 질문으로 시작하라. "그래서 그녀가 이번
달 말을 완료 날짜로 받아들였군. '그 외에' 무슨 의논을 했니?"

이 질문 스타일은 말하는 사람이 마음을 열고 이야기하게 격려
하는 상황에서 유용하다. 또한 그들의 자신감을 높이기 위해 사용
될 수 있다.

커뮤니케이션 예시

질문하기를 두려워하지 말라. 질문한다고 당신이 멍청해 보이지는 않는다. 라디오와 TV의 뉴스 프로그램을 들어 보라. BBC 라디오 4 〈오늘Today〉의 존 험프리스John Humphries와 BBC 2 〈뉴스나이트Newsnight〉의 제레미 팩스맨Jeremy Paxman이 청취자의 이해를 확실시하기 위해 얼마나 자주 질문하는지 메모하라.

커뮤니케이션 tip

질문을 할 때는 비언어 커뮤니케이션을 알고 있어야 한다. 당신의 질문이 심문, 공격, 방어, 무례함으로 변하지 않도록 하라. 보디랭귀지와 목소리는 당신이 질문하여 얻는 답변에 모든 역할을 한다.

커뮤니케이션 tip

질문하는 사람에게 응답할 충분한 시간을 주라. 대답하기 전에 생각해야 할 수도 있다. 대화 중지를 '의견 없음'이나 당신이 대화를 이어받는 기회로 해석하지 말라.

적극적인 경청의 이점

적극적인 경청은 당신이 다음을 성취하도록 하는 강력한 기술이다.

상대의 이야기에 집중하기

적극적인 경청은 본질적으로 집중되어 있다. 상대가 말한 것을 다시 그에게 반영하든 않든, 화자의 말을 요약하듯 듣기 때문에 적극적인 경청은 주의력을 집중하도록 만든다. 상대에게 집중하고 있어서 주변에서 일어나는 일이 무엇이든 당신은 방해받지 않는다는 사실을 알게 된다. 적극적인 경청은 외부 상황이나 내부 문제로 인하여 방해받는 상황을 방지한다.

또한 당신이 다음에 무슨 말을 할지 생각하는 것을 방지한다. 특히 갈등 상황이나 의견 충돌이 있는 상황에서 도움이 된다.

이해력 향상

적극적인 경청은 상대의 말을 당신의 말로 해석하도록 도와준다. 다시 생각해 보고 관련된 질문을 하면 화자가 당신이 잘못 이해한 부분을 확인, 조정, 수정하게 된다.

추정에서 벗어나기

모두가 다른 시각을 갖고 있어서 화자와 청자는 같은 주장에 다른 의미를 붙이기도 한다. 당신의 짐작, 느낌, 판단, 신념이 화자에게 들은 말을 왜곡할 수 있다. 적극적인 경청 기술은 이러한 장벽을 극복하게 한다. 화자는 당신의 해석을 확인하거나 반박하여 본인의 관점에서 당신이 사물을 보도록 도와주기 때문이다.

공감과 교감의 발달

적극적인 경청과 공감은 상호 포용적이다. 상대가 무엇을 말하고 느끼는지 이해하려 한다면 당신은 그의 관점에서 사물을 보려 노력하는 것이다.

화자의 이해도를 높이고 마음을 열도록 격려하기

당신이 들은 말을 반영, 부연, 요약하면 화자가 그 의미를 반영, 확인, 철회, 조정하도록 도와주게 된다. 이것은 화자가 마음을 열고 더 많은 이야기를 하도록 격려한다.

영향력과 설득력, 협상력 향상

적극적인 경청은 화자의 의도, 감정, 동기에 대한 이해를 높인다. 따라서 협상이나 절충, 협력을 강화하기 위한 알맞은 대답과 이야기를 할 가능성이 높다.

무엇을 말했는지 나중에 기억할 가능성 높이기

생각 없는 청취를 하면 당신이 습득하는 기억이 적어진다. 적극적인 경청은 귀 기울여 생각하며 듣기이다.

지루함을 피하기

적극적인 경청은 당신이 잠재적인 흥미가 있는 요점을 찾기 위하여 화자가 무엇을 이야기하는지 '관여하기'에 도움이 된다.

방해하지 않기

상대가 말하는 동안 불필요한 질문이나 의견을 말하면서 방해하거나 말을 끊지 말아야 한다. 방해는 시간 낭비이다. 화자를 좌절시키고, 메시지에 대한 완전한 이해를 제한한다. (물론 지지와 열정을 보여주거나 명확한 설명을 요구하는 등 대화를 방해하는 좋은 이유가 있기도 하다.)

화자가 감정을 털어놓게 하기

왜냐하면 당신이 방해하지 않기 때문이다!

어려운 상황에서 통제권을 부여하기

반영하기는 모든 것을 느리게 한다. 양측에게 생각할 시간을 준다.

좋은 청자는 상대의 말을 이해하려고 시도한다는 점을 잊지 말라. 결국은 동의하지 않을 수도 있지만, 귀 기울여 들은 당신은 동의하지 않는 것이 무엇인지 정확하게 알게 된다!

원하는 커뮤니케이션 스타일 사용하기

당신이 적극적인 커뮤니케이터라면 가만히 앉아서 듣기보다 행동하고 말하기를 선호할 것이다. 적극적인 경청은 당신에게 할 일을 준다! 적극적인 경청은 능동적인 과정이다.

당신이 이론가 스타일이라면 적극적인 경청은 상대의 아이디어를 명확히 하고, 견해를 이해하며, 감정을 고려하기에 도움이 된다. 목적형 커뮤니케이터에게 적극적인 경청은 이해를 향상시킨다는 목적을 부여한다. 이미 효과적인 청자인 연결자 스타일에게 적극적인 경청은 상대를 이해하고 연결되는 기술을 더욱 향상시키게 한다.

당신이 들을 수 없다면 어떻게 될까? 당신이 너무 바쁘거나, 방해받았거나, 혼란스럽거나 화자의 말에 집중하기에 걱정이 있다면? 말하라! 대화를 나누기 좋은 타이밍이 아니라고 설명하라. 당신이 온전히 대화에 집중할 시간을 상대에게 말하거나 협상하라.

- 흥미를 보여라 : 상대의 말을 받아들이고 인정하는 말과 비언어 메시지를 자주 사용하라.

- 이해했는지 확인하라 : 반영이나 부연하거나, 당신이 이해한 것을 확인하는 중요 요점을 요약하라.

- 이해도를 높이고 대화를 늘리도록 질문하라.

"경청하는 법을 배워라.

기회는 당신의 문을 조심스레 두드리고 있을지도 모른다."

_프랭크 타이거Frank Tyger

CHAPTER 04

숨은 뜻 찾기 :
느낌, 감정, 태도

커뮤니케이션은 93%의 비언어 커뮤니케이션과 7%의 단어로 구성된다는 주장은 정확하지 않다. 음이 소거된 TV를 본 적이 있다면 당신은 단순히 비언어 커뮤니케이션에 주의를 기울이는 것만으로도 출연자들이 무슨 이야기를 하는지 알아내기가 그리 어렵지 않을 것이다.

비언어적 행동이 강력한 전달자라는 것만은 분명하다. 종종 사람들은 커뮤니케이션의 비언어적 측면에 즉각적이고 감정적으로 반응한다. 미국 여배우였던 메이 웨스트Mae West는 "나는 두 개의 언어로 말한다. 몸과 영어이다"라고 했다.

비언어 커뮤니케이션은 대개 구두 커뮤니케이션(언어 의존적)을 지원, 조절, 강조하지만 태도와 감정, 느낌을 전달하기 위해 독자적으로(언어 독립적) 사용되기도 한다는 내용을 1장에서 읽었을 것이다.

과학적으로 살펴보자. 비언어 커뮤니케이션은 대뇌의 변연계에서 시작된다. 변연계는 무의식적으로 당신을 둘러싼 세계에 반응하는데, 자동적이고 진실한 방식으로 반응한다. 아울러 어떤 합리적 사고나 추론 없이 자발적으로 당신의 감정이 튀어나오는 곳이기도 하다.

실제로 변연계(감정적) 반응은 숨기기 어려울 정도로 당신의 시스템에 고정되어 있다. 마치 무언가 당신을 움찔하게 할 때 깜짝 놀라는 반응을 억제하기 힘든 것처럼 말이다. 변연계 반응은 당신의 기분, 태도, 의도를 그대로 반영하며 대개 비언어적으로 표현된다. 감정적으로 자신을 표현하거나 상대와 사건에 반응할 때 변연계를 사용한다.

뇌의 또 다른 부분인 신피질은 사고와 기억, 추론을 담당한다. 이 영역은 자신과 타인의 사고와 행동을 평가하고 이해하는 능력을 제공한다. 언어는 대부분 의식적이고 의도적이다. 일반적으로 신피질은 당신의 생각, 아이디어, 의견을 공식화하고 통제하며 표현한다.

비언어 커뮤니케이션은 (언어를 동반하고 지원하든, 언어 독립적이든) 대부분 무의식적이고 비의도적이다. 비언어적으로 얼마나 많이 전달되는지 모르기 때문에 비언어 메시지는 종종 실제 말하는 것보다 진실 되게 당신의 생각과 느낌, 감정을 드러낸다.

같은 방식으로, 커뮤니케이션하는 동안 당신은 인지하지 못한 채 상대의 비언어 커뮤니케이션을 읽어 내거나 알아차린다. 사실 사람들이 흔히 부르는 '직관력'이란 상대의 비언어적 정보를 수집하고 처리하는 무의식적인 과정이다.

비언어 커뮤니케이션을 향상해야 하는 이유

비언어적 행동을 잘 알면 당신의 커뮤니케이션 스킬은 크게 향상될 것이다. 당신은 다음 사항들을 할 수 있을 것이다.

- 감정의 범위를 선택하고, 기분을 측정하고, 상대의 슬픔, 외로움, 행복, 자랑스러움, 실망 등을 보다 잘 알게 된다. 당신은 보디랭귀지를 '읽게' 되며, 충분한 연습으로 길을 건너며 양방향을 살피듯이 제2의 본능이 될 것이다.

- 상대의 행동을 이해하고, 문제를 예측하며, 숨겨진 함정을 피하는 능력이 향상된다.

- 당신이 뒤섞인 메시지를 받고 있는지 알게 되며, 상대의 실제 생각과 말 사이의 모순을 식별하게 된다.

- 상대의 말을 그냥 듣기만 하는 것보다 쉽게 공감과 친밀감을 형성한다.

- 상대를 설득하고, 동기를 부여하며, 영향을 줄 능력이 커진다.

- 당신이 실제 경험하지 않은 감정을 전한다. 프레젠테이션을 해야 하거나 아무도 모르는 사교 모임에 참석해야 한다면, 당신은 원하는 만큼 자신감을 느끼지 못할 것이다. 비언어적 '자신감' 사인과 신호를 취하면 당신이 자신감 있게 보이도록 도와

줄 뿐만 아니라 실제로 더 많은 자신감을 느낄 것이다!

● 당신의 말과 느낌이 일치하는지 확인된다.

참 또는 거짓?

1. 당신이 무언가를 설명하는데 상대가 머리를 움켜쥔다면 혼란스럽다는 의미이다.
2. 누군가가 바닥을 자꾸 내려다본다면 아마도 부끄럽거나 용기가 없어서이다.
3. 팔짱을 낀다면 당신이 방어적이라는 의미이다.
4. 낮춘 눈썹과 가늘어진 눈은 무슨 말을 하고 있는지 이해하려는 시도이다. 보통 은 회의적이다.
5. 빠른 발동작은 조바심을 나타내는 신호이다.
6. 빨리 말하고 웅얼거리거나, 무엇을 말하는지 분명하지 않다면 거짓말을 하는 중 이다.

비언어적 행동은 특정한 감정과 태도를 나타내기도 하지만, 보디랭귀지는 당신의 생각보다 훨씬 미묘하고 덜 결정적이다. 무언가를 설명하는데 머리를 움켜쥔다면 혼란스러움을 의미할 수도 있다. 동시에 화자에게 도전한다는 의미거나, 목 근육에 쥐가 난 상태일 수도 있다!
마찬가지로 누군가가 바닥을 자주 내려다본다면 자신의 새 구두를 확인하는 중일 지도 모른다! 아니면 눈을 쳐다보면 무례하다고 믿는 문화에서 나온 행동일 수도 있다.

당신이나 상대가 뒤섞인 메시지를 보낼 때가 있다. 우리는 한 가 지를 말해도 비언어 커뮤니케이션은 무언가 다른 것을 드러낼지도 모른다. 비언어적 언어는 당신이 상대에게 어떻게 행동하고 반응하는지, 상대가 당신에게 어떻게 반응하는지에 영향을 미친다. 비언어적으로 커뮤니케이션하는 여러 가지 사인과 신호를 사용하고 이해하면 보다 효과적으로 소통할 수 있다.

얼굴 표정

표정은 많은 말을 한다. 미소나 찌푸린 얼굴에서 무엇이 전달될지 생각해 보라. 종종 당신의 표정은 진심을 내보인다. 괜찮다고 말하면서도 당신의 표정은 다른 이야기를 사람들에게 할 수 있다.

발달 장애인 아스퍼거 증후군을 가진 사람들의 특징은 얼굴 표정을 읽기 어렵다는 것이다. 얼굴 표정을 읽을 수 없다면 사회적 단점이 되며, 상대와의 소통과 이해를 힘들게 한다. 사실 모든 사람들은 가끔 슬픔, 우울함, 질투심, 지루함, 걱정스러움 등 표정의 미묘한 차이를 정확하게 판단하기가 어려울 수 있다. 어떤 얼굴 표정들은 문화에 따라 의미가 다르기도 하지만, 신체 언어의 가장 보편적인 형태 중 하나이다. 행복, 슬픔, 분노, 공포에 대한 표정은 전 세계적으로 비슷하다.

눈

　사람의 눈은 '영혼의 창'으로 여겨진다. 눈은 많든 적든 사람의 감정과 생각을 드러낸다. 화가 난 상태를 예의 바른 말로 숨기더라도 눈은 다른 이야기를 할 수 있다.

　상대와 대화 중에는 눈 맞춤과 얼굴 표정이 중요한 사회적, 감정적 정보를 전달한다. 의식적으로 하지 않아도 긍정적이거나 부정적인 기분을 알아내기 위해 눈과 얼굴을 읽는다.

　당신은 상대가 직접 눈을 마주치는지, 아니면 시선을 피하는지에 주의를 기울인다. 물론 누군가 당신에게 거짓말을 한다면 직접 시선을 마주치지 않을 것이다. 다른 한편으로 그는 당신에게 정직함을 확신시키기 위해 지나치게 애를 쓰며 당신의 눈을 쳐다볼 수도 있다.

　다만 시선이 마주치는 빈도와 해석은 문화마다 다르다는 점을 기억하라.

입

　미소는 가장 명확한 비언어적 신호 중 하나지만 여러 면으로 해석된다. 미소는 진실 될 수 있지만 풍자, 회의적 태도, 냉소 전달에 사용되기도 한다.

　위아래로 움직이는 입은 다양한 감정을 드러낸다. 꾹 오므린 입술은 반대, 불만, 불신을 나타낸다. 사람들은 미소나 헛웃음을 숨기기 위해 입을 가린다. 걱정스럽거나, 불안하거나, 스트레스를 받으면 입술을 깨물기도 한다.

눈살 찌푸리기, 미소 짓기, 팔짱 끼기 등은 많은 의미를 전달한다. 샌프란시스코의 금문교에서 뛰어내려 자살한 남자가 있다. 그는 '다리로 가는 길에 나에게 미소 짓는 사람을 한 명이라도 만난다면 뛰어내리지 않겠다'는 메모를 남겼다. 미소는 물론 모든 사람을 구할 수 없다. 자살의 동기는 너무 다양하다. 그러나 이 단순한 비언어 커뮤니케이션은 놀라울 정도로 효과적이기도 하다.

얼굴 표정 읽기

기본부터 시작하라. 분노, 혐오감, 놀라움은 어떤 모습으로 표현되나? 모든 사람이 똑같은가? TV 소리를 끄거나 외국 영화를 보면서 표정을 읽고 이해하는 능력을 길러라. 리얼리티 TV 프로그램은 표정과 다른 비언어 커뮤니케이션을 관찰하기에 특히 유용하다. 출연자들이 다양한 활동과 상황에 어떻게 반응하는지 주목하라. 소리를 끄는 방법은 감정, 태도, 느낌을 '보기'에 좋다. 출연자들의 이야기에 방해받지 않기 때문이다. 개인의 태도와 감정을 이해하는 것뿐만 아니라 당신의 집단 역학 group dynamics을 이해하는 데도 도움이 된다.

제스처

제스처는 가장 직접적이고 분명한 비언어 커뮤니케이션이다.

언어 독립적 제스처는 단어를 대체하고 직접 말로 번역되기 위해 고의적이고 구체적으로 사용된다. 하지만 서로 다른 문화적 상황에서는 칭찬부터 엄청난 모욕에 이르기까지 여러 해석을 가진다! 엄지손가락 들기나 평화 표시는 다른 문화권에서 완전히 다른 의미를 가지기도 한다. 엄지와 검지로 원을 만들고 다른 세 손가락을 펴는 제스처는 대개 'OK'를 의미하지만, 유럽 일부 지역에서는 '당신은 아무것도 아니다'를 의미한다.

언어 의존적 제스처는 당신이 말하는 동안 자발적으로 나오는 제스처이다. 말하기와 사고 과정에 통합적으로 연결되어 있으며, 말하기를 지지하고 강조하기 위해 사용된다. 자신이 말하는 것을 가리키거나 손가락을 사용하여 수치를 나타내는 동작 등이 예시이다.

자세

보디랭귀지와 자세는 자신의 관심, 참여, 태도(지루하고 비협조적인 십 대들을 생각해 보라!)와 상대에게 느끼는 감정에 대한 풍부한 정보를 전달한다. 몸을 기대는 방향, 몸의 자세, 팔의 위치, 신체가 열리고 닫히는 방식 모두 분노와 적대감, 수줍음, 불편함 같은 태도와 느낌에 대한 단서를 제공한다.

'열린' 자세에서는 몸이 열리고 노출된다. 일반적으로 편안함, 차분함, 자신감, 몰입, 친근한 태도를 나타낸다. '닫힌' 자세는 종종 팔다리를 꼬는 등 몸을 가려서 숨긴다. 대개 적대감, 스트레스, 불안 등의 부정적인 느낌을 나타낸다.

촉각 커뮤니케이션

촉각 커뮤니케이션은 접촉을 통하여 커뮤니케이션하는 방식이다. 대인 관계에서 비언어 커뮤니케이션의 중요한 부분이다. 악수, 등을 두드리기, 하이파이브, 키스가 포함된다.

이러한 유형의 비언어 커뮤니케이션은 의도나 감정을 나타낸다. 누군가의 팔을 만져서 당신이 말하고 싶거나 방해하고 싶다는 신호를 보낼 수 있다.

접촉으로 전달되는 의미는 상황의 맥락, 말하는 사람과의 관계, 사회적으로 받아들이는 접촉 수준에 크게 의존한다. 어떤 문화권에서는 상대의 머리를 만지면 공격적으로 받아들인다. 커뮤니케이션에 관한 최근 연구에서 영국, 프랑스, 네덜란드에서는 이탈리아, 그리스에 비해 접촉이 거의 없다는 사실이 밝혀졌다.

근접도

누군가 당신 곁에 너무 가까이 서 있으면 불편함을 느낀 적이 있는가. 그럼 당신은 개인적 공간이 사람들에게 주는 영향과 그 커뮤니케이션 능력을 알고 있는 것이다. 근접도는 사람들이 상호 작용하며 두는 거리를 의미한다. 제스처와 자세, 접촉이 많은 비언어적 정보를 전달하듯이 사람들 사이의 물리적 공간도 마찬가지다.

우리가 필요로 하는 거리와 우리에게 속했다고 인식하는 공간은 문맥, 문화, 성격 특성, 친숙함의 수준 등 여러 요소의 영향을 받는다. 아래는 우리 모두가 (보통 무의식적으로) 존중하는 개인 공간의 네 가지 영역(공공, 사회, 개인, 친밀함)이다.

- 친밀한 거리 : 15~45cm 정도의 거리는 일반적으로 가깝고 편안한 관계를 나타낸다. 포옹, 속삭임, 만지기 같은 긴밀한 접촉 중에 종종 발생한다.
- 개인적 거리 : 45~120cm 정도의 거리는 일반적으로 친구나

가족 구성원 간에 발생한다. 줄 서서 기다리는 사람들을 분리
하기도 한다.

- 사회적 거리 : 120~370cm 정도의 거리는 지인이나 낯선 사
  람, 당신이 잘 모르는 사람, 공공장소(상점이나 버스 정류장)에서
  자주 사용된다.

- 공적 거리 : 370~760cm 정도의 거리는 대개 화자와 청자 등
  대중 연설 상황에 적용된다. 한 반의 학생들과 대화를 하거나
  직장에서 발표할 때의 거리이다.

모든 유형의 비언어 커뮤니케이션과 마찬가지로 개인 공간은 문
화적 차이에 영향을 받는다. 어떤 문화권에서는 당신의 친밀한 거
리와 비즈니스 제휴자의 사회적 공간이 같아서 거의 코와 코가 맞
닿을 만큼 가까울 것이다. 그러나 다른 문화권에서는 그들을 따라
방을 가로지르는 동안 그들이 생각하는 적절한 사회적 공간을 되
찾으려고 당신에게서 뒷걸음질하는 사람을 발견할 것이다.

비언어 커뮤니케이션의 이해

비언어 커뮤니케이션을 해석하는 광범위한 카테고리와 방법이

있지만, 다음 사항에 유의하여야 한다.

- 하나의 제스처나 별개의 신호를 항상 해석할 수 있는 것은 아니다.
- 일부 표정(충격, 혐오감, 기쁨 등)은 보편적이고 별다른 해석이 필요 없지만, 어떤 표정들은 매우 미묘하다.
- 비언어 커뮤니케이션의 의미는 사람마다 다르며, 다양한 문화적 차이도 있다.

당신은 어떻게 상대의 보디랭귀지, 제스처, 얼굴 표정, 목소리 톤을 이해할까? 비언어 커뮤니케이션을 이해하는 열쇠는 현재 하고 있는 말에 수반되는 정황인 '문맥'을 알아채고 이해하는 것이다.

겉보기에 중요하지 않더라도 전적으로 관련이 있는 모든 주변 상황을 고려해야 한다. 우리가 보내고 받는 비언어 메시지의 의미는 이러한 뒷받침하는 조건들이 결정한다. 비언어 커뮤니케이션에서는 문맥이 전부이다! 그렇다면 문맥에 기여하는 것은 무엇인가?

- 단어와 표현
- 움직임과 감정
- 문화, 상황, 환경, 처지, 배경

단일 제스처나 표정을 해석하는 대신 '다발cluster'을 찾는 것이 요령이다. 다발은 다수의 구두 커뮤니케이션, 비언어 커뮤니케이션, 행동이 서로 가깝게 발생하여 일관된 메시지를 나타내는 경우이다.

비언어 커뮤니케이션의 다발은 하나나 두 개의 신호를 분리하여 사용하는 것보다 훨씬 신뢰할 만한 의미를 나타낸다. 단일한 보디랭귀지는 여러 신호만큼 신뢰할 수 없다. 같은 의미를 이야기하는 여러 신호들을 찾아야 한다.

당신은 회의 중에 계속 시계를 확인하는 누군가를 알아차리고 그가 제시간에 자리를 뜨고 싶어 한다는 결론을 내린다. 펜을 가볍게 두드리기, 자세를 바꾸기, 자리에서 들썩거리기 등 보다 반복되는 행동들을 다시 살펴보라. 그의 얼굴은 뚜렷한 관심 부족과 멍한 표정을 보여 준다. 아마도 그는 지루해하고 있을 가능성이 더 크다!

커뮤니케이션 tip

비언어적 행동들이 느낌과 태도를 나타낼 때 보디랭귀지는 이전에 믿었던 것보다 훨씬 미묘하고 덜 확정적이다. 다음 사항에 유의하라.

- 일관된 메시지를 함께 나타내는 구두 커뮤니케이션, 비언어 커뮤니케이션, 행동의 '다발'을 찾는다.
- 누군가의 말과 비언어적 행동이 일치하는지 주목한다.

- 보디랭귀지의 변화에 주의한다. 내적 감정의 모든 변화는 비언어적 행동을 통해 세상에 전달된다.
- 사람들은 기준 행동이라는 고유한 보디랭귀지를 가지고 있음을 명심한다. 누군가의 성격이 어떠한지, 무엇이 특이한지 외운다.
- 상대의 보디랭귀지가 지닌 의미를 정확하게 파악했다고 가정하지 말고 항상 물어본다!
- 행동, 정신, 신체적 어려움이 보디랭귀지에 영향을 미칠 수 있음을 인식한다.
- 보디랭귀지 분석에만 너무 힘쓰지 않는다. 듣고 말하기를 잊어서는 안 된다!

유창한 보디랭귀지로 말하기

상대의 보디랭귀지를 잘 알고 '읽으면' 좋은 점 하나는 당신의 비언어 메시지를 보다 잘 알게 된다는 것이다. 그러면 효과적으로 커뮤니케이션하는 능력에 큰 차이가 생긴다.

비언어 커뮤니케이션은 입으로 하는 말을 강조하거나 조절하는 데 도움이 된다. 비언어적 행동은 당신이 누구이며 어떻게 느끼는지를 소통한다. 상대는 당신의 성실성, 신뢰성, 감정을 보디랭귀지로부터 얻어 낸다.

비록 당신이 침묵하더라도 여전히 자세, 얼굴 표정, 겉모습을 통해 커뮤니케이션한다. 최소한으로 시선을 마주치거나 구부정한 자세, 꼼지락거리는 동작 등은 부정적인 태도를 나타낸다. 반대로 균형 잡힌 자세와 적절하게 시선을 마주치는 차분한 제스처는 자신감 있게 대화를 하도록 도와준다.

당신의 비언어 커뮤니케이션은 훌륭한 의사 전달자가 되는 데 도움을 주는가, 방해하는가? 다음은 당신이 알아야 할 비언어적 표시와 신호이다.

자세

앉거나 걷고, 일어서거나 머리를 쥐어짜는 상대의 행동에 당신의 인식은 어떻게 영향을 받는지 생각해 보라. 어떤 사람들은 한마디 하기 전에 자신감 있는 커뮤니케이터가 된다. 왜 그럴까? 대개 자세와 관련이 있다.

침착함이 당신의 커뮤니케이션 방식에 영향을 미친다. 사람들이 당신의 말을 듣기를 원한다는 것을 기억하라.

구부정하거나 의자에 푹 앉는 자세는 당신의 (목과 등에 문제가 생기는) 건강에 안 좋을 뿐만 아니라, 상대가 당신을 어떻게 보는지에 부정적인 영향을 준다. 당신이 구부정하게 있고, 주머니에 손을 넣고, 발을 구르며 눈을 피하면 사람들은 당신이 소통하고 싶어 하지 않는다는 인상을 가질 것이다.

자세는 종종 감정의 영향을 받는다. 겁을 먹거나 불안감이 느껴진다면 움츠리거나 축 처지는 자세가 나타나 당신이 불편해함을 드러낸다. 상대도 당신과 어울리는 것에 불편함을 느낄 가능성이 높아진다!

겁나거나 남을 의식할 때도 당신은 실제로 경험하지 않는 감정을 전달할 수 있다. 단순히 자세를 바꾸는 것만으로 당신의 기분과 감정에 긍정적인 영향을 미친다. 자신감을 전하기 위해서는 그저 똑바로 서서(또는 앉아서) 머리를 들라. 어깨를 편안히 하고 양쪽 다리에 체중을 골고루 나누라.

거울 앞에서 자신감 있는 자세를 시험해 보고 '자신감 있는 당신'의 모습이 어떻게 보이고 느껴지는지 인식하라. 그다음 원하는 만큼의 자신감이 없는 상황에 들어갈 때 이러한 '자신감' 신호를 사용하면 된다.

거리와 접촉

여러 다른 상황에서 당신에게 가장 편안한 거리가 어느 정도인지 파악하라. 필요하다면 편안함을 느끼고 움직일 만한 충분한 공간을 확보하라. 상대와의 접촉에서 개인적으로, 사회적으로, 문화적으로 수용 가능한 단서를 찾아라.

기분이 상한 친구의 어깨에 팔을 두르면 당신이 위로를 표현한다고 받아들일 수 있다. 한편 함께 일하는 프로젝트를 토론하면서 동료에게 같은 행동을 한다면 과하게 친한 척한다거나, 잘난 체한다거나, 심지어 통제한다고 생각할 수도 있다!

제스처

말하면서 매번 손과 팔로 제스처를 사용하는가? 제스처가 당신의 이야기를 뒷받침해 주는가, 아니면 격하시키는가? 당신의 모든 말에 계속해서 신체적 해석을 더하는 것을 피하라. 대신 가장 큰 영향을 주는 곳에 잘 선택된 제스처를 사용하라. 이야기하는 동안 손을 자연스럽게 움직이면 당신이 하는 말을 지지하게 된다. 상대를 방해하거나 위협하는 짧고 날카로운 움직임보다는 차분하고 자연스러운 움직임을 사용하라.

눈

계속 시선을 피하던 사람과 마지막으로 이야기한 상황을 떠올려 보라. 그는 당신을 어깨너머로 보거나 바닥이나 다른 여러 곳을 바라보았을 것이다. 당신은 불편함과 불만을 느끼면서 상대의 흥미를 의심했을 가능성이 크다. 시선을 마주치는 것은 대화의 흐름을 유지하고 상대방의 반응을 측정하기 위해서도 중요하다.

마주 보는 대화에서 자주 시선을 마주치는 경우 위협적이고 불쾌할 수도 있다. 서로가 함께 어떠한 활동을 하면서 대화가 이루어지면 보다 개방적이고 편안하며, 상대에게 도움이 되는 시간이 될 것이다.

두 명의 청소년 아들을 둔 아빠 토니는 함께 식사 시간을 늘려 하루 일과, 학업 일정, 주말 계획 등을 상의하자고 제안했다. 아들들은 이런 형식이 과하다고 생각했다. 식사 시간은 긴장하는 시간이 되어 버렸고, 아들들은 거의 말을 하지 않았다. 토니는 곧 식사 준비를 하는 동안 이야기하면 훨씬 더 마음을 여는 아들들을 보았다. 비공식적이고 자연스럽고 편안한 비형식이 오히려 적절함을 깨달은 것이다.

준언어 커뮤니케이션

톤, 음정, 볼륨, 억양, 리듬, 속도 등은 당신이 하는 말에 영향을 미친다. 이 비언어적 말소리는 당신의 진실스러운 감정, 태도, 의도에 미묘하지만 강력한 단서를 제공한다. 목소리 톤이 풍자, 분노, 애정, 자신감을 나타낼 방법을 생각해 보라.

명료하고 침착하게 말하려 노력하라. 빠르게 말하기를 피하라. 빠르고 불명료한 단어는 사람들을 혼란스럽게 한다. 당신을 이해하지 못하거나 진지하게 받아들이지 못하는 결과를 가져올 수 있다.

효과적인 비언어 커뮤니케이션

- 자세를 개선하고 긴장하는 버릇을 없애려면 시간과 노력이 필요하다. 한 번에 하나씩 집중하여 에너지를 쏟아부으면 전반적인 비언어 커뮤니케이션을 빠르게 향상시킬 수 있다.

- 큰 그림을 본다. 당신이 커뮤니케이션하는 동안 새끼손가락이 무슨 역할을 하는지 궁금해하지 말라. 매번 '알맞은' 뉘앙스가 아니어도 괜찮다. 몸의 각기 다른 부분이 서로 협력하여 다발처럼 커뮤니케이션한다는 것을 기억하라. 당신이 명확하고 정직하다면 비언어 커뮤니케이션은 당신의 말을 뒷받침할 가능성이 높다.

- 무슨 의미인지 말하고, 말한 대로 하라. 구두 메시지와 비언어 메시지는 공동 표현이다. 당신이 의미하는 바를 말하면 보디랭귀지는 따라올 것이다.

- 무엇에게든 누구에게든 어떻게 느끼는지 확실하지 않는다면 당신의 보디랭귀지가 말하는 것에 주의를 기울인다. 상대가 보디랭귀지를 통하여 당신의 기분을 알아내듯이 당신도 당신의 몸으로부터 배울 수 있다. 배 속에서 긴장감이 느껴지는가? 호흡이 일정하지 않은가? 이 신호들이 당신에게 무슨 이야기를 들려주는가?

- 사인이나 신호가 잘못 해석됐다고 생각하면 의도한 의미를 즉시 이야기하라. 몸을 따뜻하게 만들려고 팔짱을 낀다면 "나는 추운데, 너는?"이라고 말하면 된다. 상대는 당신이 대화를 끝내려 한다고 생각하지 않을 것이다.

- 균형 잡힌 자세, 차분한 목소리, 적절한 제스처 습득은 당신이 자신감 있게 보이도록 한다. 제스처나 얼굴 표정을 속이면 허위적이고 진실하지 못하게 보일 수 있다.

- 사람들이 누군가가 기만적으로 보인다고 말한다면 그들은 대개 속이는 버릇을 알아본 것이다. 이런 버릇은 화자가 말한 것과 정확히 일치하지는 않는다.

- 의도적으로 보디랭귀지를 제어하려고 시도하더라도 여전히 상대가 알아차릴 만한 '노출leakage' 포인트가 있다. 얼굴 표정은 당신이 어떤 기분인지를 노출하기도 한다. 갑작스레 얼굴이 기형인 사람을 만나면 당신은 환영한다고 보이려 노력하지만, 당신의 얼굴은 당혹스러움을 감추지 못할 수도 있다.

- 가장 긍정적인 (또는 필요할 경우 부정적인) 제스처와 표정을 처음부터 끝까지 사용하라. 보통 가장 기억할 만한 인상은 처음 5~10초 내에 기억된다. 또한 5~10초 동안 마지막 인상을 남긴다.

CHAPTER 05

무엇을 어떻게
말하는가?

"좋은 화자가 되는 규칙은 하나뿐이다. 듣는 법을 배우는 것"이라고 누군가 말했다. 당신은 '이것을 어떻게 설명해야 할까?', '다음에 무슨 이야기를 해야 할까?', '내 생각을 조금이나마 말할 기회가 있을까?'라는 고민을 한 적이 있는가.

폴리는 며칠 전 관리자로 승진했다. '대부분의 시간 동안 나는 너무 많이 말한다. 나는 말하기 전에 별로 생각하지 않는다. 나에게 정이 안 간다고 상대가 생각할 만큼 쓸데없는 말을 많이 하고 과장된 제스처를 사용한다. 나는 직장에서 새로운 역할을 맡으면 사람들에게 명확하고 간결하게 설명하기 어려울까 걱정된다.'

롭은 잡담을 할 때면 패닉 상태에 빠진다. '사교 모임에서나 고객과 친밀감 형성을 해야 할 때 무엇을 말해야 하는지 모르겠고, 틀린 말을 할까 두렵다.'

조는 사람들에게 관심이 많고 그들에 대해 더 알아 가기를 좋아한다. 그는 훌륭한 청자이지만 직장이나 사회 상황에서는 지루한 사람들로 인해 종종 궁지에 빠지곤 한다. 조는 그들에게 악의가 없다는 사실을 알기에 불쾌감을 보이고 싶지 않다. 그는 '어떻게 "닥쳐"라고 좋게 말할 수 있을까?'라고 궁금해한다.

리엔느는 순조롭게 진행되는 대화를 좋아한다. 혹여나 방해받는다면 처음부터 다시 시작할 것이다. '나는 한 아이디어에서 다른 주제로 바뀌면 회의를 계속하기가 어렵다.'

마지막으로 짐이 있다. 짐은 십 대 딸이든 동료든 자주 자신을 이해하지 못하거나 자신의 부탁을 실행하지 않는다는 것을 알았다. '내가 그토록 자주 반복해도 그들은 여전히 이해하지 못한다.'

상대와 이야기하는 방법에 대한 엄격하고 빠른 규칙은 없다. 그러나 파티에서 잡담을 하거나, 지루한 사람으로부터 벗어나려고 하거나, 명확하게 이해가 필요한 경우라면 한 가지 핵심 원칙이 있다. 상대가 당신의 의도를 쉽게 듣고 이해할 방식으로 커뮤니케이션해야 한다.

- 무엇을, 왜 당신이 이야기하고 싶은지 명확히 하라.
- 무엇을 말하는지와 함께 어떻게 말하는지도 알라.
- 당신의 관점이 상대와 다를 수 있음을 알라.
- 상대의 관점과 상황을 이해하라.
- 질문과 피드백을 요청하라.

경청을 준비하라. 당신의 말을 듣고 있는 사람들이 들었으면 하는 것을 준비하라. 사람들이 문제가 아닌 가능성을 듣게 하라. 상대가 듣고 이해하기 쉽게 만드는 방법에 대해 자세히 살펴보자.

명확하고 직접적이기 :
적극적 말하기를 통해 결과 얻기

목적을 갖고 커뮤니케이션하기

먼저 전달하려는 전체 메시지를 생각해 보라. 파티에서 잡담을 한다면 당신은 친절하고, 친근하며, 대화에 개방적임을 전달하고자 할 것이다. 누군가에게 무언가를 실행하는 방법을 설명한다면 당신의 목표는 상대가 스스로 하게 만드는 것이다.

말하기 전에 생각하기

대화에서 당신의 차례가 오면 잠시 멈추는 것을 당연히 받아들인다. 잠시 생각을 정리하고 무슨 말을 하고 싶은지 생각할 시간을 가져라.

때로는 정확한 단어 선택이 중요하지 않지만 어떤 상황에서는 결정적이다. "다음 주까지 필요하다"라고 말하면 상대는 다음 주 언제든지 OK라고 가정한다. 정확하게 당신의 뜻을 이야기하라. "나는 월요일 아침까지 필요하다"라고 말하면 당신이 원하는 것을 정확히 얻을 가능성이 커진다.

메시지가 무엇인지 분명하지 않고 올바른 단어를 사용하지 않는다면 상대가 당신의 말을 쉽게 잘못 해석한다. 때때로 그들은 당신의 애매함을 이용하여 의도적으로 오해할 것이다!

　모호함은 부모와 자녀 사이, 친구와 직장 동료들 사이 등 모든 상황에서 흔하게 발생한다. 상대가 무엇을 알아차리도록 얼마나 자주 모호하고 간접적인 방법을 사용하는가? 힌트 주기, 넌지시 나타내기, 풍자하며 횡설수설하기는 모두 '간접적'으로 말하는 방법이다. 당신이 '정말로 하고 싶은 말'의 의미를 숨긴다. 상대가 듣고 이해하기 가장 좋은 방법은 당신이 말하고 싶은 내용과 의미를 명확하고 직접적으로 이야기하는 것이다.

한 번에 말하라.

먼저 헤드라인을 만들라. 당신이 말해야 할 요점을 생각해 보라. 문장으로 바꿔라. 그런 다음 뉴스 진행자처럼 누가, 무엇을, 어디서, 언제, 왜, 어떻게로 나누어 정교하게 적어 보라. 예를 들어 보자.

"오늘 오후에 회의가 있습니다. 관리자 중 한 명이 떠나는 것 같습니다. 그녀가 떠나면 우리 부서는 구조 조정이 될 것입니다. 팀이 그럴 것이라 경고했습니다. 우리는 2시에 만나야 하는데, 존은 우리 모두가 가야 한다고 말했습니다. 우리 중 누구도 정리 해고가 되지 않았으면 합니다."

이처럼 말하는 대신 당신은 다음처럼 시작할 수 있다.

"오늘 오후 2시에 회의가 있고, 존은 우리 모두가 가야 한다고 말했습니다."(헤드라인)

그다음 뉴스 진행자와 같은 방식으로 정교하게 말한다.

"팀은 매니저가 떠나고 나면 우리 부서를 구조 조정할 것이라고 경고했습니다. 다만 정리 해고라는 의미가 아니길 바랍니다."

명료하고 직접적이면 다음과 같은 많은 이점을 갖는다.

- 상대가 당신의 진짜 의미를 다시 추측하지 않아도 된다.
- 오해를 피한다.
- 협상을 가능하게 한다.
- 시간과 노력을 절약한다.

긍정적인 언어 사용

단어는 무엇을 포함할까? 단어는 아이디어와 의견, 감정을 표현한다. 단어는 아이디어와 정보, 목적을 전달한다. 당신이 선택한 단어는 당신이 세계를 보는 태도와 방식을 많이 드러낸다. 당신의 단어는 상대에게 영향을 미친다.

두 사람이 서로 다른 단어를 사용하여 동일한 아이디어를 표현할 수 있으며, 두 메시지는 완전히 다른 의미를 가진다. 다음 두 문장을 고려해 보라.

- "너는 그만 불안해할 필요가 있어."
- "너는 더욱 자신감을 가질 수 있어."

한 가지 측면에서 본다면 두 문장은 비슷한 메시지를 전달한다. 그러나 각각의 문장은 다른 태도를 나타내며, 다른 효과를 갖거나 청자에 다른 인상을 준다.

주로 당신은 긍정적인 방식으로 의견을 표현하는지에 관한 생각을 멈추지 않는다. 이것은 바뀔 수 있다. 당신이 사용하는 단어를 보다 의식적이고 양심적으로 표현하라. 시작하는 방법은 다음과 같다.

듣기

그냥 듣는 것만으로도 당신은 많은 것을 배운다. TV와 라디오에 나오는 사람들의 말을 들어라. 부정적인 단어와 구절을 듣고 좋은 대안을 생각해 보라. 당신이 대안으로 고른 단어와 구절이 어떤 차이점을 만드는가?

자신의 말을 모니터링 하기

당신이 부정적인 단어와 문구를 사용한다는 사실을 알아차린다면 문장 중간에서라도 잠시 멈추라. 그리고 좀 더 긍정적인 용어로 다시 말해 보라. "귀찮게 해서 미안하지만 결정을 내렸는지 궁금합니다"라는 말 대신, "당신이 결정을 내렸는지 궁금합니다"라고 말한다.

당신의 생각을 잠깐 멈추고 정리하면 긍정적인 방식으로 표현하는 것이 가능해진다.

단어만 메시지를 전달하지는 않는다. 당신의 전체를 사용한다. 보디랭귀지를 사용하여 당신의 말을 지지하고, 완화하고, 강화한다. 버릇들로 인해 당신의 말을 격하시키지 말라.

어떻게 말하고 있는가

톤, 음조, 강조, 속도가 당신의 말에 미칠 수 있는 영향을 인식하라. 천천히 말해야 하는가? 어쩌면 당신은 항상 빠른 화자였을 수 있다. 긴장하거나 흥분되거나 스트레스를 받으면 말하는 속도가 빨라진다. 상황이 어떻든 속도를 늦추면 말하면서 생각할 시간을 얻는다. 당신의 뇌가 입을 따라잡아 명확하고 긍정적이게 커뮤니케이션하게 된다. 당신은 자신감 있게 보일 것이다.

천천히 말하는 방법을 배우기

● 일시 정지를 연습하라. 당신이 단어들을 빨리 말한다기보다는 문장 마지막에 멈추는 것을 종종 실패하는 점이 문제다. 사람들이 방금 들은 말을 처리하기 위해서는 몇 초가 필요하다.

● 비트 방식을 사용하라. 각 문장의 마지막에 두 박자를 세라. "오늘은 월요일이다 (1박자, 2박자), 그리고 내일은 화요일이다."

● 리듬으로 읽어라. 노래 가사나 시를 읽는 연습을 하라. 자연스러운 리듬을 가진 숨겨진 중단 포인트가 있다. 쉼표에서 잠깐 멈추고, 절의 끝에서는 더 길게 멈추라.

● 메모지에 '일시 중지', '숨쉬기'라고 적어 놓아라. 메모를 컴퓨터나 전화기 옆에 놓고 당신에게 상기시켜 줄 알림으로 사용하라.

● 피드백을 요청하라. 당신은 천천히 말하기 위해 노력하고 있으며, 알맞은 속도로 말하는지 알고 싶다고 상대에게 전하라. 속도를 높이기 시작한다면 상대가 당신에게 피드백을 주도록 하라.

청자의 관점

당신은 하고 싶은 말이 무엇인지, 어떻게 말하는지를 분명히 알게 되었다. 이제 청자에게 당신의 의식을 옮겨야 한다. 당신이 명확하고 간결하게 말하고 있다고 해서 청자가 이해할 것이라 가정하지 말라. 청자의 상황을 고려하라.

- 당신이 하는 말 중에 청자가 이미 알거나 모르는 내용은 무엇인가?
- 청자의 감정, 가치나 신념은 무엇인가?
- 청자가 당신의 말을 듣기에 좋은 시간과 장소인가?

위 질문의 답을 생각했다면 당신은 대화를 시작하기 좋은 위치에 있다. 상대의 관점에 맞게 마음을 열면 메시지를 보다 쉽게 전달하겠지만 그만한 상상력과 노력이 필요하다. 오로지 '당신'이 모든 것을 해야 한다. 상대는 자신의 진짜 감정을 잘 드러내진 않아도 단서를 준다. 이 단서를 찾아보라. 상대가 뭐라 말하는지, 어떻게 말하는지, 상대의 보디랭귀지와 행동은 어떤지, 당신의 말에 어떻게 반응하는지 등 당신이 스스로를 돕는 방법은 많다.

누군가와 대화할 때 당신의 스타일을 맞출 준비를 하라. 당신 자신이 될 수 없다는 의미가 아니다. 당신의 스타일을 적용하면 상대가 당신이 알리려는 의미를 제대로 듣고 이해하기가 쉬워진다. 아래 예를 보라.

앞에 나온 폴리를 기억하는가? 폴리는 얼마 전에 관리자로 진급하면서 '대부분의 시간 동안 나는 너무 많이 말한다. 나는 말하기 전에 별로 생각하지 않는다. 나에게 정이 안 간다고 상대가 생각할 만큼 쓸데없는 말을 많이 하고 과장된 제스처를 사용한다. 나는 직장에서 새로운 역할을 맡으면 사람들에게 명확하고 간결하게 설명하기 어려울까 걱정된다'라고 생각했다.

자신이 주로 적극적 커뮤니케이터임을 알자 폴리는 직장에서 새로운 역할에 맞게 스타일을 맞추는 방법을 이해했다. 그녀는 친절하고 열정적인 방식으로 일하면서도 자신에게 생각할 시간을 주었다. 동료들에게 명확하고 간결하게 설명해 주도록 천천히 대화하는 법도 연습했다. 요점을 분명히 했고, 아이디어와 계획을 토론하고 싶어 하는 동료들과는 잡담을 최소화했다. 그녀는 긴 대화를 즐기는 상대와는 일과 관련된 여부와 상관없이 많은 시간을 보냈다.

마침내 폴리는 자신보다 적극적인 커뮤니케이터인 특정 동료에게 접근하는 방식을 조율했다. 폴리는 자신과 동일한 커뮤니케이션 스타일을 가진 사람과 항상 좋은 대화를 하는 것은 아니라는 사실도 알게 되었다. 비슷한 커뮤니케이션 스타일이 서로 잘 맞긴 하지만, 때로는 충돌을 일으키기도 한다!

"상대가 이해할 수 있는 언어로 말한다면 그의 머리로 들어갈 것이다. 당신이 상대의 언어로 대화한다면 그의 심장으로 들어갈 것이다." 넬슨 만델라Nelson Mandela의 말이다.

말하기 적절한 시간

효과적인 커뮤니케이션은 당신이 하고 싶은 말이 '무엇'인지를 아는 것만이 아니라, '어떻게' 말하는지도 아는 것이다. 때로는 '언제' 말하는지 아는 것을 의미하기도 한다.

재키는 프리랜서 작가이다. 언제 그녀의 아이디어를 제시하여 받아들여질지가 중요하다. 일반적으로 월요일과 금요일은 새로운 아이디어를 제안하기 좋은 날이 아니다. 편집자는 막대한 작업량으로 한 주를 시작하고 주말에 모든 것을 마무리 짓는다.

애니는 딸 할리가 저녁에 외출 준비를 하는 동안 무언가를 이야기하면 절대 성공하지 못한다는 사실을 알게 되었다. 저녁 식사를 하는 동안이나, 할리를 축구 훈련장에 데려다주는 차 안에서 대화가 더 잘된다. 애니는 딸과 커뮤니케이션을 할 수 없는 것이 아니라 잘못된 시간을 선택하고 있었다는 것을 알아차렸다.

종종 무언가를 이야기하기에 적절하지 않은 시간이 있다. 적절한 시간을 기다리면 상대가 당신의 말을 경청한다. 효과적으로 메시지를 전달할 가능성이 높아지는 것이다.

중요한 대화를 미루라는 의미가 아니다. 상대가 듣고 대화하는 보다 개방적이며 수용적인 시간이 있다는 것이다. 확실하지 않으면

"지금 대화를 나누기에 좋은 시간인가요?"라고 물어보라. 이는 둘 다 이득인 윈윈win-win 상황이다.

질문과 피드백 하기

커뮤니케이션은 양방향 프로세스라는 사실을 기억하라. 때로 당신은 상대의 말이 아니라 얼굴 표정을 보고도 제대로 이해를 했는지 알 수 있다. 확신할 수 없다면 계속 말을 이어 가는 대신 "어떻게 생각하니?", "너의 의견은 어때?" 등 간단한 질문을 하라. 당신의 파트너, 동료, 아이 등 누구에게든 물어보라. "내가 제대로 말하는지 잘 모르겠어. 네가 어떻게 이해했는지 말해 줄래?"

질문하기는 상대가 당신의 말을 듣고 있지 않다고 여겨질 때도 유용하게 쓰인다. 그저 상대에게 직설적으로 질문하라. 상대가 곤란하지 않도록 친절하게 물어보라. (학교 선생님들이 가장 좋아하는 요령이다.) 간단하게 "어떻게 생각해?", "동의하니?"라고 질문하라. 그런 다음 상대가 당신을 멍하게 바라보면 질문을 반복하고, 당신이 이야기하던 주제를 덧붙여라. "정부가 주택 부족에 대처해 무엇을 할 것이라고 생각하니?", 또는 "이 식당이 최고의 감자튀김을 제공한다는 것에 동의하니?"

상대와 대화하는 엄격하고 빠른 규칙은 없지만, 한 가지 핵심 원칙이 있다. 상대가 당신의 의도를 듣고 이해하기 쉽게 하라. 의도적으로 커뮤니케이션하라. 당신이 말하기 전에 시간을 가지고 생각하라. 당신이 무엇을 말하는지, 어떻게 말하는지, 언제 말하는지 더욱 잘 알고 있어야 한다.

"어리석은 자는 자기 마음을 혀 위에 두고,

현명한 자는 자기 혀를 마음속에 둔다."

_셰익스피어Shakespeare

CHAPTER 06

글로 표현하기

좋은 서면 커뮤니케이션 기술을 통해 어떤 긍정적인 일을 할 수 있을까?

편지, 이메일, 보고서, 지원서, 이력서를 작성해야 한다면 효과적으로 커뮤니케이션하는 글쓰기 방법을 알아야 한다. 비즈니스와 전문적이고 공식적인 상황에서 가져야 하는 가장 중요한 기술 중 하나이다. 특히 훌륭한 글쓰기 기술을 가진 사람이 거의 없는 상황에서 돋보인다. 이 기술은 당신이 주목을 받거나 효과적인 비즈니스 수행에 도움이 된다.

훌륭한 글쓰기 능력을 가진 사람들은 동료나 거래처와 커뮤니케이션하기 좋아서 고용주가 소중하게 생각한다. 잘 쓴 편지, 이메일, 보고서 같은 커뮤니케이션은 좋은 인상을 심어 주고 비즈니스 성장에도 도움이 된다. 뿐만 아니라 글을 읽은 사람이 당신을 실존 인물로 대하도록 만든다.

훌륭한 글쓰기 기술이 가지는 의미는 다음과 같다.

- 정보를 주거나 묻든, 서비스를 요구하거나 불만을 말하든 당신의 메시지를 전달할 확률이 높다.
- 더 많은 권한을 가진다.
- 복잡한 설명도 쉽게 한다.
- 자연스럽고 유창한 글을 빠르고 쉽게 적어 낸다.

- 아이디어와 생각을 글로 표현한다.
- 긍정적 인상을 만드는 글을 쓴다.
- 흔한 실수를 피하여 정확하고 분명한 글쓰기를 한다.

말하기와 쓰기

어떻게 글쓰기를 통해 효과적인 커뮤니케이션을 하는가? 말하기와 같은 방식으로 명확하고 간결하게 하면 된다. 대면하거나 통화를 하면 당신의 의미와 의도가 무엇인지 분명히 말하고 강조할 수 있지만, 서면으로 커뮤니케이션할 때는 어렵다. 서면으로 할 경우에는 무엇을 의미하는지 정확하게 표현해야 한다.

당신의 의도와 느낌, 요청, 요구, 정보, 아이디어를 뒷받침하거나 정확하게 표현할 만한 다른 무언가가 서면에는 없다. 항상 읽는 사람의 요구에 집중하고, 그의 관점에서 사물을 보려고 노력하라. 상대의 입장에서 당신의 글을 받으면 어떨지 상상해 보라.

잘못 작성된 메시지는 혼동을 주거나 의도된 목적을 달성하지 못한다. 효과적으로 의사를 전달하고, 무슨 의미인지를 쓰며, 읽는 사람이 당신을 이해할 수 있도록 아래 지침을 따르라.

요점이 무엇인가?

첫째, 당신이 전달해야 하는 요점을 생각해 보고 문장 형식으로 만들라. 무엇을, 어디서, 누가, 언제, 왜 하는지 알려 주는 세부 사항을 적는다. 당신이 원하거나 원하지 않는 것을 명확하게 제시했다면 수신자는 당신이 원하는 방식대로 응답할 가능성이 크다.

아마도 당신은 다음을 원할 것이다.

- 정보를 제공하거나 묻는다.
- 행사에 참여하라고 초대한다.
- 무언가를 바로잡기 위해 요청한다.
- 물건이나 서비스 구입을 요청한다.
- 결정을 확정하거나 결정이 확정되도록 한다.
- 무언가에 동의하거나 거절한다.

그것이 무엇이든 수신자가 이해하고 응답하기 위해서는 당신의 머릿속에 분명한 목적이 있어야 한다. 그렇지 않으면 메시지가 사라질 수 있다.

나쁜 예시

다음 이메일을 읽고 작성자가 정확히 무엇을 원하는지 알아보라.

"안녕하세요. 사진과 관련해서 연락드립니다. 저는 수년간 사진을 찍었습니다. (풍경과 인물 사진 찍기를 좋아합니다.) 더 잘하고 싶은데 어떤 장비나 경험이 필요한지 잘 모르겠습니다. 저는 니콘 카메라를 갖고 있고, 포토샵을 조금 다뤄 본 경험이 있습니다. 이 강좌를 듣기 위해 내가 알아야 할 다른 프로그램이 있는지요?

저는 보험 회사인 직장에서 곧 정리 해고를 당할 예정이라 완전한 직업적 변화를 생각하고 있습니다. 하지만 어떻게 해야 할지 모르겠습니다. 좋은 팁을 저에게 보내 주시면 감사하겠습니다!"

루크가 무엇을 원하는지 정확하게 알아냈는가? 그것은 불가능하다! 아래에 좋은 예시가 있다. 이번에는 무엇을 원하는지와 그 이유를 분명하게 설명한다.

좋은 예시

"안녕하세요. 저는 당신의 프리랜서 사진 강좌에 관심이 있습니다. 다만 제가 이 강좌에 들어가기 위한 적당한 기술과 장비를 갖췄는지 잘 모르겠습니다.

저는 몇 년 동안 열정적인 아마추어 사진작가였습니다. 얼마 전에 정리 해고를 당한 저는 직업에 변화를 주어 프리랜서 사진작가가 되고 싶다고 생각했습니다. 당신의 강좌를 듣기 위해서는 어떤 카메라 장비들이 필요한지, 어느 수준의 기술과 경험이 필요한지 알려 주시겠습니까? 감사합니다."

적절한 답변을 얻을 만한 예시는 둘 중 무엇인가? 아예 답장을 얻지 못할 예시는? 첫 번째 예시에서는 작성자가 원하는 바가 명확하지 않다. 이메일에 요점이 없다. 답장하는 사람은 열심히 의미를 알아내야 하며, 아마도 어떻게 대답해야 할지 혼란스러울 것이다. 읽는 사람이 당신의 편지나 이메일을 이해하려고 노력하지 않도록 하라. 쉽게 이해하고 답장하도록 작성하라.

두 번째 예시에서 작가는 자신의 목적을 첫 번째 문장에 분명히 밝혔다. 시작부터 메시지를 명확하게 하지 않으면 상대가 당신의 말을 오해하기 쉽고, 답장하기를 꺼릴 수도 있다.

모호함은 커뮤니케이션에 흔하게 나타난다. 횡설수설하고, 암시하고, 넌지시 말하는 것은 모두 간접적인 방법이다. 그것들은 당신이 정말 하고 싶은 말의 의미를 숨긴다. 상대가 쉽게 읽고 이해하게 하는 가장 좋은 방법은 명확하고 직접적이며 간결하게 쓰는 것이다.

당신의 메시지가 명확했는지 스스로 물어보라. 당신이 하고 싶었던 말을 했는가?

간결하게 글쓰기

좋은 커뮤니케이션은 양보다 질이다. 우리 모두는 편지, 이메일, 광고, 스팸메일을 포함한 너무나도 많은 커뮤니케이션을 받는다. 끝까지 읽는 편지들은 오직 간결하게 적힌 것이다. 횡설수설하고 불분명한 편지나 이메일, 보고서는 제대로 읽지 않는다. 간결한 편지는 쉽게 이해가 된다. 짧아야 한다.

당신의 요점이 무엇인지 결정했다면 상대가 가장 중요하게 알아야 하는 것과 몰라도 되는 것을 결정하라. 요점에서 벗어나지 말고 바로 설명하며, 어떤 의미인지 알아내기 위해 상대가 노력하는 일이 없도록 하라. 이후 대면하여 이야기하게 여담을 조금 남겨 놓아도 좋다.

먼저 몇 분 정도 시간을 내어 당신이 적을 편지나 이메일의 구체적인 요점에 대한 아우트라인을 계획하고 간단한 초안을 작성하라. 이 단계에서는 '완벽함을 목표로 하지 말라'. 자유로운 생각을 마비시키기 때문이다. 그냥 생각들을 모두 종이에 적은 뒤 무엇을 지울지 결정하라. 항상 무언가가 있을 것이다. 글을 작성하면서 수정하기보다 이미 작성된 편지를 수정하는 편이 훨씬 쉽다. 따라서 초안을 작성한 다음 요점의 순서와 단어 선택, 스타일, 문법에 관한 작업을 하라.

글쓰기로 커뮤니케이션하기의 장점은 메시지를 편집하여 당신이 말하고 싶었던 내용을 정확하게 전달할 수 있다는 것이다. 당신이 말하고 싶은 것을 모두 포함한 초안을 작성하라. 그다음 당신의 메시지가 확실해지도록 다시 적는다. 전문 작가들조차도 이 과정을 따라 한다. 그들은 아이디어를 적은 후 내용이 명확하고 간결하며 논리적인 순서로 전달되도록 다시 작성한다.

당신은 상대가 당신을 이해하고 대답하기를 원한다는 점을 기억하라. 그것에 도움이 되지 않는다면 어떠한 것도 필요하지 않다. 무엇이든 강조하는 의도가 아니라면 반복하지 말라. 문장에서 불필요한 단어, 단락에서 불필요한 문장, 불필요한 단락 전체를 지워라.

명확성은 간단한 단어와 짧은 문장에서 온다.

평균적인 문장은 15~20개의 단어로 구성된다. 어떤 때는 훨씬 적기도 하다. 모든 문장을 같은 길이로 작성하라는 의미가 아니다. 당신은 짧은 문장과 긴 문장을 함께 쓰면서 글쓰기에 다양성을 줄 수 있다. 긴 문장은 어떠한 방법으로든 분리된다. 한 문장에 하나의 주요 개념 넣기를 목적으로 한다면 자동으로 평균적인 문장 길이를 유지할 것이다.

불필요한 단어와 문단을 버린다. "나는 꽤 자신감이 있으며, 그 이벤트는 엄청 성공할 것이라고 확실하게 믿는다"라는 문장보다 "나는 자신감이 있으며, 그 이벤트는 성공할 것이다"라는 문장이 훨씬 짧고 강력하다.

"당신이 시간을 내서 저에게 자료를 보내 주신다면 정말로 감사할 것 같습니다"보다는 "저에게 자료를 보내 주시길 부탁드립니다"가 낫다.

정보 제공과 사실 파악

커뮤니케이션에서는 무엇이든 단순할수록 더 좋긴 하지만 간결함에만 너무 신경 쓰지는 말라. 서면으로 된 커뮤니케이션을 문자 메시지처럼 읽을 필요는 없다! 상대가 의미를 얻기에 충분한 세부 정보를 포함했는지, 갑작스럽지 않고 정중하게 다가왔는지 확인한다.

관련 정보들로 시작하라. 상대가 당신에게 보낸 서신이나 당신이 쓰고 있는 것과 관련된 대화를 언급하라. 예를 들어, "안녕, 크리스티. 새로운 책에 관한 세부적인 아이디어를 첨부했어"라고 이메일을 시작하기보다는 "안녕, 크리스티. 지난주에 새 책에 관한 아이디어를 전화로 이야기했잖아. 세부 사항을 첨부했어"라고 적는 편이 더 좋다.

관련 정보를 함께 '유지'하라. 마지막 요점을 끝내기 전에 다른 요점으로 바꾸지 않는다. 화제와 이슈 사이를 왔다 갔다 하고 싶은 충동을 참아라. 그렇지 않으면 횡설수설하면서 혼란스러워진다.

관련 사실, 인물, 이름, 날짜, 예시가 있으면 알린다. 당신이 불확실하다면 그렇다고 말하라. 단지 당신의 추측이라도 마찬가지다. 그래야 당신이 아는 것보다 더 많이 안다고 상대가 추측하지 않는다. 나중에 상대가 지적하여 실수를 바로잡는 당황스러움을 피하려면 보내기 전에 먼저 확인하라.

사전과 문법 가이드 같은 참조 도서나 맞춤법 검사는 정확한 철자와 구두점, 문법, 서식 작성에 도움을 준다. 그러나 사실은 당신만의 것이어야 한다. 편지와 이메일은 영구 기록이어서 정보나 뒷받침하는 요점, 사실이 정확해야 한다.

예시는 관계를 빠르게 만든다.

당신이 어떤 아이디어를 제시한다면 상대가 의미를 이해하기 쉽도록 예시를 덧붙인다. "우리는 새로운 시각으로 할 수 있다고 생각합니다"는 말을 "예를 들어 우리는 인턴들을 회의에 초대해서 아이디어를 요청할 수 있습니다"라고 바꾸는 것이다.

표현에 유의하라

누가 메시지를 읽을 것인가? 고위 간부, 가족, 친구나 고고학자무리들을 대상으로 하는가? 어떤 대상에게 글을 쓰든 누구나 이해할 포괄적인 언어를 사용하는 것이 중요하다.

서면 커뮤니케이션에서는 정중한 말투로 실제 말하는 방식과 비슷하게 대화체로 쓴다. 속어나 은어를 사용하라는 의미는 아니지만, 지나치게 형식적인 언어를 사용할 필요도 없다. 당신은 19세기학자가 아니다. 그들처럼 글을 쓰지 말라. 지나치게 공식적인 용어는 좋지 않다.

은어와 속어 사용을 피해야 한다. 은어는 속어와 비슷하다. 은어는 아이디어나 쟁점을 표현하기 위한 일종의 약어로, 대개 특정 직업이나 직종을 가진 작은 그룹의 사람들만 쓰는 단어와 구절이다. 대부분의 경우 은어는 특정 직업이나 직종에서 일하지 않는 사람들에게는 많은 의미가 없기 때문에 진화하곤 한다. 이러한 은어는 모든 읽는 사람(또는 청자)이 이해할 수 있다면 괜찮다. 그러나 대체로 명확한 커뮤니케이션을 방해하는 장벽이 된다(의도적으로 상대를 배제하거나 혼란시킬 수도 있다).

예를 들자면, '메뚜기(작전 세력)', '몰빵(한 종목에 모든 자금을 투자)', '개미(개인 투자자)' 같은 은어는 증권 전문가에게 의미가 있지만, 배경 지식이 없다면 따로 설명이 필요하다. 항상 상대의 위치에 자신을 집어넣어야 한다. 의심스러운 점이 있다면 일반 용어로 은어를 설명하라.

이해하는 사람들에게 사용한다면 은어는 쉽고 간결하게 표현된다. 그렇다고 쉽게 이해되는 단어의 대체재로는 사용하기 어렵다. '물건' 대신 '재화', '푸른 하늘' 대신 '청천 하늘', '게으르다' 대신 '해태하다', '나누어 맡다' 대신 '분장하다' 등 이해하기 힘든 표현은 사용하지 않아야 한다. 부자연스럽고 인위적이며 이해하기 어렵기 때문이다.

마지막으로 거들먹거리거나 잘난 체하는 단어나 구절의 사용을 자제하라. "당신이 이것을 알고 있다는 것을 확신합니다", "물론 당신은 이것을 알고 있을 것입니다" 등의 문구를 삭제하라. 상대는 어리석지 않고 똑똑하며 단지 관련 정보나 지식이 없을 뿐이라고 가정하라.

능동적으로 글쓰기

능동적인 발언을 목표로 하라. 당신은 딱딱하거나 형식적이지 않고 명료하며 전문적으로 보일 것이다. 능동적인 발언이란 능동형 동사를 사용한다는 뜻이다.

능동형과 수동형 동사의 차이점은 무엇인가? 문장이 어떻게 어울리는지 이해함으로써 가장 잘 설명된다. 거의 모든 문장에는 세 가지 주요 부분이 있다.

● 주어(행동을 하는 사람, 그룹이나 사물)

● 동사(행동 그 자체)

● 목적어(행동이 취해지는 사람, 그룹이나 사물)

예시를 들어 보자. '에이미는 사과를 깎았다Amy peeled an apple'라는 문장에서 주어는 '에이미'(그녀가 깎는 행동을 하고 있음)이다. 동사는 '깎았다'이고 목적어는 '사과'(깎아지는 행동을 당하고 있음)이다.

다른 단어들이 많이 들어갈 수도 있다. '수업 시간에 내 옆자리에 앉는 에이미는 먹기 전에 항상 사과를 깎았다.' 이 문장에서도 주어, 동사, 목적어는 제자리에 있다.

능동형 동사를 쓰면 세 부분이 특정 순서로 나타난다. 주어, 동사 다음에 목적어이다(이하 영어 기준). '에이미는(주어) 깎았다(동사) 사과를(목적어)'라는 문장에서 '깎았다'는 능동형 동사이다. 능동형 문장에서는 주어가 행동을 한다. 능동형 문장에서는 사람이 행동을 하고 상호 작용을 한다. 능동형 문장은 간단하고 간결하다. 누가 어떤 행동을 하는지 묘사한다.

수동형 동사에서는 순서가 바뀐다. 목적어, 동사 다음에 주어이다. '사과(목적어)는 깎였다(동사) 에이미에 의하여(주어)The apple was peeled by Amy'라는 문장에서 '깎였다'는 수동형 동사이다. 문장에서 누가 깎는 행동을 하는지 대신 먼저 무엇이 깎였는지 말한다. '~해졌다'와 '~에 의하여'라는 단어가 나타나고, 문장의 흐름은 어색하다.

'변호사가 그녀의 고객을 대변했다'라는 문장에서 동사 '대변했다'는 능동태이다. 반대로 '고객은 변호사로부터 대변되었다'라는 문장의 '~로부터 대변되었다'는 수동태이다.

133

수동형 동사를 능동형 동사로 바꾸는 더 많은 예시가 있다.

- 컴퓨터는 앤에 의하여 고쳐졌다. (수동형)
  → 앤은 컴퓨터를 고쳤다. (능동형)
- 이 문제는 곧 우리에 의해 고려될 것이다. (수동형)
  → 우리는 이 문제를 곧 고려할 것이다. (능동형)
- 당신 문제의 근원이 결정되었다. (수동형)
  → 우리는 무엇이 당신의 문제를 일으켰는지 발견했다. (능동형)

수동형 동사를 쓰면 문장이 길어져 숨이 차게 된다. 수동태는 모호하고 애매해서 누가 무엇을 하는지 불확실하게 만든다. 능동태는 더욱 생생하고 간단명료하며, 작성하거나 이해하기가 쉽다.

유용한 수동태 사용법

수동태를 사용하기 알맞은 상황이 있다. 비난을 피하기 위해 "나는 실수를 했다"보다 "실수가 있었다"라고 표현하기도 한다. "당신은 아직 결제를 하지 않았습니다" 대신 "결제가 아직 되지 않았습니다"라고 말하는 편이 덜 퉁명스럽고 비난하는 느낌도 줄여 준다.

능동형과 수동형 동사의 차이점을 알아차리기는 쉽지 않다. 자연스럽게 대화하듯이 들리는 것을 목표로 삼다 보면 열 번 중 아홉

번은 바로잡을 것이다.

긍정적이고 낙관적이기

부정적인 언어와 구절을 사용하는가? 그렇다면 건설적이고 긍정적인 언어 사용을 목표로 삼는다. 상대에게 긍정적인 영향을 주는 단어와 구절은 긍정적인 응답으로 돌아온다. 부정적인 태도를 갖고 글을 적으면 저항과 방어적인 태도를 발생시킬 수 있다.

긍정적 언어

어떤 조직에서 부정적인 언어로 된 편지를 보내는 것은 드문 일이 아니다.
"모든 관련 정보를 제공하는 것에 동의하지 않기 때문에 신청서를 처리할 수 없음을 알려 드립니다. 첨부된 양식의 모든 문항을 작성한 후 서류 등록의 불필요한 지연을 피하기 위하여 14일 이내에 사무실로 보내야 합니다."
지나치게 형식적이고 부정적인 편지이다. 자신들이 문제를 해결하기 위해 무엇을 할 수 있는지를 알려 주지 않고 단지 수령인의 잘못을 암시한다. 모든 정보가 포함되어 있어도 무뚝뚝하고 형식적으로 보인다. 아래는 다시 쓴 내용이다. 동일한 정보를 담고 있지만 보다 긍정적이고 낙관적이며 유익하게 작성되었다.
"신청해 주셔서 감사합니다. 등록을 완료하려면 몇 가지 추가 정보가 필요합니다. 첨부된 양식의 밑줄 친 부분을 채우고 다시 돌려주시면 2주 이내에 등록 서류를 보내 드릴 수 있습니다. 답장을 기다리겠습니다."

긍정적인 표현과 언어

- 상대에게 할 수 '없는' 것보다 할 수 '있는' 것을 알려 준다.
- 대안과 선택을 제안한다.
- 형식적이거나 무뚝뚝하지 않으며, 도움을 주고 격려한다.
- 긍정적인 행동과 결과를 강조한다.

부정적인 단어와 구절은 피하라. 아래는 몇 가지 흔한 예시이다.

잘못을 암시하는 표현

- 당신은 ~을 하지 않았다.
- 당신은 ~을 간과했다.
- 당신은 ~을 포함하기를 거절했다.
- 당신은 ~을 제공하지 않았다.

그가 정직하지 못하다고 알려 주는 표현

- 당신은 ~라고 주장했다.
- 당신이 ~라고 말했다.

지배하려 드는 표현

- 당신은 ~을 해야 한다.

- 당신은 ~을 해야 할 의무가 있다.

- 당신은 ~을 무조건 해야 한다.

- 나는 ~을 고집한다.

- 나는 당신이 ~을 하리라고 기대한다.

- 당신이 ~을 하지 않는다면…….

비협조적인 표현

- 할 수 없다.

- 하지 않을 것이다.

- 하지 말 것.

- 해서는 안 된다.

- 하지 않았다.

부정적인 단어와 구절을 삭제하고 보다 긍정적인 메시지로 대체하라. 예를 들면 다음과 같다.

'당신이 ~을 보내 준다면 내가 당신을 위해 그 과정을 완성시킬 수 있다.'

'당신이 ~을 보내 준다면 나는 당신을 도울 수 있다.'

'한 가지 가능성은 당신이~.'

'나는 ~을 원한다.'

'당신이 원한다면~.'

'나는 ~을 할 수 있다.'

당신이 전달해야 하는 메시지가 부정적이라도 부드럽게 영향을 미칠 수 있다. 당신은 냉혹할 필요가 없다. 긍정적인 문장을 사용하는 방법이 대중적이다. "너는 프로젝트 A를 할 수 없어" 대신 긍정적인 메시지로 "너는 프로젝트 B를 할 수 있어"라고 말하는 것이다. "내일까지는 몰라"보다 "내일 알 수 있어"라고 적는다.

당신의 글은 상대가 긍정적으로 반응하도록 유도해야 한다. 긍정성을 유지하기 위해 오랜 설명, 변명, 너무 많은 사과보다는 긍정적인 행동을 제안하라. 사람들은 당신이 할 수 없는 것을 알고 싶어 하지 않는다. 당신이 무엇을 할 수 있는지 궁금해한다. 그것에 집중하라.

상대가 이해하고 당신이 바라던 대로 응답하는 것이 목표임을 기억하라. 부정적인 언어는 기껏해야 의욕을 꺾고 밋밋하게 만든다. 최악의 경우 적개심이나 대립이라는 잘못된 반응을 일으킬 수도 있다. 긍정적인 글쓰기는 건설적이며, 흥미와 이해하려는 의지, 긍정적 반응을 이끌어 낸다.

그러나 부정적인 단어를 완전히 피하지는 말라. 부정적인 언어도 알맞은 자리가 있다. 예를 들어 "음주 운전하지 마라"는 "맑은 정신으로 운전해라"와 같은 의미를 갖지 않는다.

당신이 어떻게 쓰는지 생각해 보라. 결국 당신의 사고와 말하기와 행동은 당신이 사용하는 언어만큼 긍정적으로 바뀔 것이다.

보다 긍정적인 어휘 연습

당신이 근래에 적은 편지와 이메일을 다시 읽어 보라. 읽으면서 부정적이라 생각되는 문장들을 표시하라. 부정적인 문장들을 다른 단어로 바꾸어 긍정적으로 만들 수 있는지 시도해 보라.

앞으로는 서면을 보내기 전에 다시 한 번 검토하라. 서면 커뮤니케이션은 말하기와 달리 편집이 가능해서 긍정적인 어휘력을 구축하기 쉽다. 긍정적인 글쓰기의 요령을 개발하면 말하는 언어를 긍정적으로 바꾸기가 더욱 쉬워진다.

좋은 글쓰기의 예시를 모은다. 무엇을 좋아하고 싫어하는가? 그냥 내용(사용된 단어와 구절)만 보지 말라. 레이아웃을 보라. 어떤 것이 읽기 편하게 만드는가?

구조와 레이아웃

알맞게 사용된 단어와 문장, 문법과 언어는 상대가 쉽게 읽도록 도와주고 당신의 의미도 잘 전달한다. 당신의 글쓰기가 어떻게 구조화되어 있는지에 따라 도움이 되거나 방해가 되기도 한다. 여기 당신에게 도움을 줄 몇 가지 구조와 레이아웃에 관한 아이디어가 있다.

- 한 문단에 하나의 아이디어를 사용하라. 하나 이상의 요점을 넣어서 독자나 당신을 헷갈리게 하지 말라. 가장 중요한 사항의 우선순위를 정하고 논리적인 순서로 나열하라.
- 많은 여백을 사용하여 텍스트를 구성하라. 길고 빽빽한 단락을 피하라. 매우 위협적이며, 상대가 낙담할 수 있다. 당신은 상대가 쉽게 읽도록 쓰고 싶을 것이다.
- 제목을 사용하여 글을 논리적으로 나눠라. 상대가 신속하게 읽고 개요를 얻을 수 있다. 또한 관련 정보를 다시 읽고 쉽게 찾을 수 있도록 도와준다.
- 글머리 기호를 사용하여 핵심 사항을 구별하라. 아이디어나 정보를 분리하는 또 다른 좋은 방법이다. 그러나 '민감한 문제를 다룰 때는 글머리 기호를 피하라.' 글머리 기호는 온정보다 효

율성을 전한다.

● 강조하기 위해 굵은 글씨나 기울임체, 밑줄 등을 사용하라. (과
  용하지는 말 것)

당신이 읽고 있는 모든 것을 더욱 잘 알아야 한다. 글쓰기의 좋
고 나쁜 예시를 찾아보라. 명확하고 간결하게 글을 쓰는 연습을 하
라. 긍정적이고 포괄적인 언어를 사용하라. 당신은 머지않아 메시
지를 확실하게 전달할 것이며, 상대가 쉽게 이해할 만큼 자연스럽
고 정확하며 유창한 글을 빠르고 쉽게 쓸 것이다. 상대가 이해하고
답변한다면 당신의 글쓰기는 성공이다!

CHAPTER 07

다양한 커뮤니케이션
기술들

동기를 부여하고, 격려하고, 설득하고, 영향을 미치기 위해 상대에게 무엇을 말해야 할까? 앞에서는 무엇이 훌륭한 커뮤니케이션 기술을 만드는지, 어떻게 그 기술을 발달시키는지 배웠다. 또한 당신은 커뮤니케이션이 좀처럼 간단하지 않다는 것을 알게 되었다. 커뮤니케이션은 상황과 처지에 따라 자주 문맥에 의존한다. 이제는 구체적인 상황을 통해 어떻게 커뮤니케이션 기술이 실생활에 적용되는지 알아볼 것이다.

동기 부여란 특정한 목표를 위해 상대를 어떻게 이끌어야 하는가의 문제이다. 목표를 당신이 설정했든, 본인이 설정했든 간에 당신의 목적은 상대가 목표를 달성하도록 자신감과 믿음을 주는 것이다.

당신은 요구하거나 조정하여 사람들이 노력하고 목표를 이루도록 할 수 있지만, 그것은 '당신'을 위해서거나 아마도 '당신의 이익'을 얻기 위해서 무언가를 이루도록 강요하는 방식이다. 일을 성공적으로 마칠 수는 있어도 지지를 얻지는 못할 것이다.

10대 아들에게 방을 청소하라고 동기 부여하거나, 특정 집단의 행동을 따르도록 동료를 설득하기를 원한다면 반드시 따라야 하는 몇 가지 중요한 커뮤니케이션 원칙이 있다.

❶ 우선 상대가 참여하도록 만들 만한 것을 이미 알고 있는지

당신에게 질문하라. 상대의 커뮤니케이션 스타일은 어떠한가? 예를 들어, 상대는 비공식 활동에 참여하는 동안 생기는 대화에 잘 응답하는가?

❷ 당신의 메시지를 분명히 하라. 상대를 설득하고 싶은 것이 무엇인지 정확히 확인하라. 대화, 이메일, 전화 통화, 연설로부터 얻으려는 것이 무엇인가. 메시지를 간소화하고 횡설수설 하지 말라. 성공적으로 동기 부여하는 사람들은 상대가 이해하기 쉽도록 만든다.

❸ 잘 들어 주라. 효과적인 커뮤니케이션은 이해하고 이해받는 행위 모두를 포함한다. 지금 하는 말뿐만 아니라 하지 않은 말에도 귀를 기울인다. 동기 부여와 영향력을 행사하는 자의 역할이다. 상대에게 당신이 원하는 바를 말하고 대답을 경청하라. 좋은 청자가 되어 상대의 관점을 고려하라. 사람들은 인정받고 이해받고 환대받는다고 느끼면 더욱 기꺼이 협조한다.

❹ 질문하라. 상대가 원하는 것이 무엇인지 알아내라. 상대에게는 어떤 인센티브가 필요한가? 상대의 관심사는 무엇인가? 상대의 필요와 관심사를 인정하고 언급하라. 설득은 감정을 필요로 하고 포함하지만, 감정을 지배하지는 말라. 장벽을 극복할 방법을 논의하라.

❺ 일단 필요와 관심사를 언급하면 긍정적인 부분을 강조하라. 혜택을 진술하고 설명하여 가장 매력적인 가능성으로 전달하라. "매일 밤 더러운 옷들을 빨래통에 넣어라"는 다음의 메시지에 비해 의미가 적다. "당신이 매일 밤 더러운 옷들을 빨래통에 넣으면 빨아서 다음 날 입을 수 있게 준비할 것이다."

커뮤니케이션 예시

빌리는 성인 교육 기관의 관리자이다. 그는 모든 프리랜서 강사들에게 교사, 지도자, 강사를 위한 전국 협회에 가입하도록 설득해야 했다. 문제는 강사들이 연회비를 스스로 지불해야 한다는 점이었다.

빌리는 공식 평가와 비공식 대화를 통하여, 보수를 받고 충분한 일자리를 확보하는 것 외에도 지속적인 교육과 전문적인 지위가 강사들에게 중요하다는 사실을 알았다. 그는 강사들의 우려를 경청하고 자신이 이해한 바를 점검해 보았다. 자기 주머니에서 돈을 내야 해서 분하게 여기는 강사들을 이해하지만, 그만큼 가치를 얻을 것이라고 설명했다. 빌리는 혜택을 이야기해 줬다.

'협회에 가입하기로 동의한다면 강사의 전문성 개발을 위한 독점적이고 광범위한 협회의 교육을 받을 수 있다. 우수한 직업 교육이나 훈련 방법의 최신 사례뿐 아니라 직업이나 전공 분야의 전문성도 유지하게 해준다. 임금 인상에 관한 국가의 의사 결정과 정책에 영향을 주기 위해 협회가 강사들을 대신하여 열심히 노력하고 있다. 다른 성인 교육 기관들도 협회의 회원 자격을 요구하고 있어서 등록을 하면 고용 기회가 늘어날 것이다.'

강사들은 설득되어 모두 회원이 되었다!

조언과 정보 주기

요청이 있건 없건 조언은 해로울 수도, 도움이 될 수도 있다. 또한 사람과의 관계를 분열할 수도, 긍정적인 효과를 얻을 수도 있다. 조언은 새로운 아이디어와 정보를 제공하며, 상대가 선택권을 확인하여 결정을 내리고 앞으로 나아가도록 도와준다.

당신의 조언이 잘 받아들여지는지 확인하려면 다음을 유념하라.

❶ 주의해서 들어라. 통찰력이 있거나 비슷한 문제를 경험해 봤더라도 먼저 상대의 말을 주의 깊게 경청해야 한다. 상대의 상황에 관해 가능한 많이 듣고 배운다. 설명이 필요하다면 질문하라.

능동적인 청자는 좋은 조언을 할 수 있으며, 상대가 조언을 따를 가능성도 높아진다. 당신이 이야기를 듣고 이해했음을 확인한 상대에게 적절한 충고일 것이기 때문이다. 그러나 당신이 조언을 할 충분한 자격이나 지식이 없다고 느낀다면 솔직히 말하라.

❷ 신중하게 경청한 후 당신이 도울 수 있다고 판단되면 상대가 실제로 조언을 원하는지 확인하라. 상대는 단지 당신이 들어주기만을 원할 수도 있다. 지지하는 청자가 되어 당신이 응

답해야 할 신호를 기다린다.

상대에게 정확하게 어떤 조언을 원하는지 확인하라. 상대의 목표가 무엇인가? "무슨 일이 일어나길 원하는가?"라는 질문이 무엇보다 중요하다. 그러면 상대가 말하는 목표나 결과에 맞는 조언이 가능하다.

"상황을 개선할 아이디어가 필요하니?", "내가 뭔가 제안을 해도 될까?", "내 생각이나 조언을 줘도 될까?" 등의 질문을 하라.

❸ 조언은 짧게 핵심만 말하라. 상대가 말한 목표와 결과에 맞게 직접적으로 조언하라. 올바른 답이 있어 보이더라도 또 다른 방안은 무엇인지 상대와 함께 생각하여 각각의 장단점을 고려하라. 상대가 스스로 결론과 결정을 내리도록 돕는다. 몇 분 동안 이야기를 나눈 후 다시 물어보라. "네 생각은 어때?"

❹ 판단하지 말라. 마지막으로 당신이 상대에게 했던 조언을 생각해 보라. 상대의 상황에 우려와 이해를 나타냈는가? 아니면 좌절하거나, 화내거나, 걱정했는가? 이러한 느낌이 들면 훌륭한 충고를 했다고 생각할 수 있다. 하지만 당신은 부정적이거나 비판적으로 보였을지도 모른다.

긍정적인 문장을 사용하라. "왜 당신은 ~을 하지 않았죠?", "~

을 했어야 했다"라고 조언을 시작하지 말라. 끝난 일은 끝난 일로 받아들이고, 상대가 할 수 있는 일에 중점을 둔다. "~을 하면 어떨까요?", "아무래도 ~을 고려하면 도움이 될 거예요" 같은 문장을 시도해 보라.

커뮤니케이션
예시

비슷한 상황에 처하면 당신이 배웠던 내용을 떠올려 보라. "내게도 일어났던 일이니까 당신은 내가 했던 대로 해야 한다"라고 말하기보다는, "이런 일이 일어났을 때 내가 어떻게 했는지 듣고 싶어?"라고 질문하며 그저 당신의 경험을 공유하라. 주변 사람들 중 당신도 앓았던 건강 문제를 당신에게 털어놓은 사람을 생각해 보라. 상황에 따른 감정과 느낌은 당신과 다를 수 있지만, 직접 '~을 하라'고 듣기보다 경험을 공유함으로써 상대는 약간의 통찰력을 얻을 수 있다.
지식의 힘보다 예시의 힘을 사용하라!

❺ 언제 놓아줄지 알라. 당신의 조언을 구하는 경우라도 상대가 반드시 받아들일 필요는 없다. 상황에 따른 감정과 느낌이 당신과 다를 수 있다. 당신의 조언이 상대에게 모두 옳다고 확신하기 어렵다. 당신의 좋은 조언과 결정을 거절하고 자신의(잠재적으로 비참한) 행동 과정을 따르기로 결정해도 놀라지 말라.

칭찬과 긍정적 피드백 주기

칭찬과 찬사, 감탄과 고마움 표시는 모두 긍정적인 피드백이다. 긍정적인 피드백은 사람의 하루를 밝힐 뿐만 아니라 상대가 좋은 일을 계속하도록 격려하는 동기 부여가 된다.

직원이나 동료를 칭찬하거나, 친구나 가족에게 감사를 표하거나, 좋은 서비스를 제공한 회사나 개인에게 감사 인사를 하면 상대는 자신의 행동이 의식됨을 알게 된다. 그러면 공감과 관계를 형성할 수 있다. 당신도 상대의 행동을 인정하기 위해 노력했음을 보여 주기 때문이다. 글로 작성하면 당신이 더 많은 노력을 했음을 나타내며, 상대는 칭찬을 영구적으로 기억하게 된다.

그러나 당신은 대개 올바른 단어 선택을 걱정하여 결국 아무 말도 하지 않기도 한다. 진심이 느껴지지 않는 말보다는 조금 어색하더라도 진정한 감정이 낫다는 사실을 기억하라. 당신에게 도움을 주기 위해 다음 단계를 따라 본다.

❶ '왜 당신이 상대를 칭찬하고 찬사를 보내는지로 시작하라.' 구체적이어야 한다. 구체적인 칭찬들이 대체로 가장 기억에 남는다. 당신이 상대에게 주목했다는 점을 보여 주기 때문이다. 예를 들면 다음과 같다. "우리 엄마가 거기서 머무르는

동안 보살펴 주시고 도와주신 점에 감사를 드립니다." "우리의 다음 프로젝트를 위한 기금 마련을 성공적으로 이끌어 낸 당신과 당신의 성과를 축하드립니다."

❷ '개인적 자질과 특별한 노력을 인정하라.' "엄마에 대한 당신의 염려와 인내심, 엄마를 챙겨 주신 당신의 세심함에 저와 가족 모두가 감사드립니다." "당신의 전문성과 자진하여 시간을 투자하는 모습은 정말로 훌륭했습니다."

❸ '상대의 노력이 무엇을 했는지 설명하라.' 사람들은 자신이 변화를 만들었다는 것을 알면 기분이 좋아진다. 상대가 한 일이 당신에게 긍정적인 영향을 주었다면 말해 주라! "당신의 염려 덕분에 기분이 나아졌습니다." "당신의 지지가 저를 안심시켰습니다."

상대가 긍정적인 변화를 만들어 냈다고 말해 주면 스스로를 유용하다고 여길 것이다. 자신의 행동이 당신에게 미친 영향 덕분에 격려를 느낄 수도 있다. "아니, 그렇지도 않아" 같은 어리석은 소리만 하지 않는다면 당신의 칭찬을 부인할 방법은 없다.

하지만 일부 사람들이나 문화권에서는 칭찬을 부정해야 예의이다. 때로는 이와 같은 이유로 칭찬을 거부하기도 한다. 새삼스럽게 칭찬하려 하진 말라. 당신의 적절한 반응은 미소

지으며 그저 머리를 끄덕이는 것이다.

❹ '고마움을 표현하라.' 당신이 직접 칭찬하거나 고마움을 표
현할 때 잊지 말아야 할 것이 있다. 당신의 보디랭귀지, 목소
리 톤이나 표정이 칭찬과 고마움이 진심인지를 나타낸다는
것이다.

칭찬과 찬사 받아들이기

칭찬은 선물처럼 받는 것이 가장 좋은 방법이다. 그냥 "감사합니
다"라고 말하라. 더 추가하고 싶다면 긍정적임을 확인하라.

● 정말 좋네, 고마워.

● 오늘(이번 주, 오랫동안) 누가 내게 해준 말 중 최고야. 고마워!

● 내게 말해 줘서 고마워.

● 고맙습니다. 그 말을 듣게 되어서 정말 고마워요.

● 감사합니다. 저도 정말 기쁩니다.

일의 성과에 대해 칭찬받았는데, 당신 혼자 한 일이 아니라면 도
와준 사람들을 반드시 인정하라. "달리와 루스가 정말 큰 도움을 주

었습니다. 그들이 없었다면 못 해냈을 겁니다."

잡담하는 법

잡담은 큰 도전이 될 수 있다! 잡담은 우리 모두에게 쉽게 오지 않는다. 거짓되고 따분하고 어리석게 보일지도 모른다는 두려움은 대화 유지는 물론, 용기를 내거나 잡담을 시작하는 것조차 어렵게 만든다.

잡담을 나눌 수 있으면 모든 종류의 관계를 만들 정도로 가능성이 열려 있다. 잡담은 중요한 사람과 소중한 기회로 이어지는 귀한 대화로 연결될 수 있다!

좋은 커뮤니케이션에는 자신감과 공감이 필요하다. 황금률은 친절하고 말 붙이기 쉬운 상태이거나 적어도 그렇게 보이는 것이다. 당신의 목표는 깊은 인상을 남기는 것이 아니다. 당신이 약간의 즐거움을 교환할 만한 편안하고 사교적인 사람임을 보여 주는 것이다.

'긍정적이어야 한다.' 하품이나 불평으로 시작하지 말라. 긍정적인 것을 말하라. 미소 짓고 시선을 마주하며, 당신의 몸과 제스처를 열고 편안해지게 만들라. 상대에게 너무 가까이 다가서지 말되, 너무 멀리 서지도 말라. 자신을 무서워한다고 상대가 생각하거나, 당신이 쌀쌀맞다고 여길 수 있다.

첫 번째 시도

대화의 시작은 대담한 단계이다. 거절에 대한 두려움은 사람들이 대화를 시작하지 않는 주된 이유이다. 당신이 파티, 회의, 기타 사교 모임에 참석한다면 다가가기 쉬워 보이는 사람을 선택하라. 혼자 서 있는 사람이라면 좋은 선택이다. 그다음 그의 눈을 보고 미소 지으며 "안녕하세요, 저는 찰스입니다. 당신 이름은 무엇인가요?"라고 말하라.

이름을 잘 기억 못 하는가? 당신이 소개되는 동안 상대의 이름을 반복한다면 나중에 기억하는 데 도움이 된다. "만나서 반가워, 한나."

나중에 당신이 이름을 잊어버린다면 그냥 받아들이고 "이런, 미안해. 이름을 다시 한 번만 알려 줄래?"라고 물어보면 된다. 이름을 알려 주면 크게 신경 쓰지 말고 상대의 이름을 반복하며 대화를 이어 나가면 된다. "한나, 고마워. 내가 했던 말대로~." 생각보다 힘들지 않은 방식일 것이다. 그리고 기억하라. 기억 못 하는 실수를 길게 끌수록 당신은 더욱 당혹스러울 것이다.

좋은 질문하기

상대를 대화에 참여시키는 가장 중요한 자질 중 하나는 호기심과 관심이다. 중요한 커뮤니케이션 기술인 질문 방식에 따라 당신의 관심은 분명히 드러날 것이다(3장 참조).

당신은 완벽한 시작 질문을 할 필요가 없지만, ("직업이 무엇입니까?", "레베카를 어떻게 아십니까?", "전에 여기 온 적 있습니까?" 같은 무난한 질문으로 시작하더라도) 대답에는 관심이 있어야 한다.

"예"나 "아니오" 이상을 요구하는 시작 질문을 하라. 상대가 자신에 관하여, 자신의 의견이나 경험에 관하여 이야기할 기회를 줘야 한다.

잘 듣기

"지금 내리는 비를 어떻게 생각합니까?"라는 물음으로 시작한다고 가정하자. 대화가 가야 하는 방향을 제시할지도 모르니 상대의 답변에 귀 기울여야 한다.

당신 며칠째 비가 이만큼이나 왔다는 게 믿어지나요?

상대 아, 저는 그다지 신경 쓰지 않아요. 비가 많이 오면 정원에 좋거든요.

당신 정원 가꾸기를 좋아하세요?

또는

상대 저는 더 이상 강 근처에 살지 않는 것만으로도 다행입니다.

당신 어디 사셨어요? 홍수가 한번 났었나요?

상대의 말에 덧붙이라. 기분 좋다고 말하면 이유를 묻는다. 지쳤다고 말하면 "이런, 정말?"이라고 대답하지 말고 이유를 물어라. 질문보다는 답변을 경청하고 반응하는 것이 더욱 중요하다.

문화 차이

왜 날씨가 공통된 주제일까? 바뀌기도 하고 예측하기도 어렵기 때문이다. 안전하고 중립적인 주제이기도 하다. 날씨에 관한 이야기는 상대와의 공통점을 찾아 다른 주제로 이동할 때까지 잡담을 할 수 있게 돕는다.

어떤 문화에서는 가족에 관한 질문이 흔하다. 물론 한 남자가 다른 남자의 아내에 대해 물어본다면 부적절할 수도 있다. 중국이나 일본같이 신분 지향적인 문화에서는 서로의 사회적 지위를 확립하는 데 도움이 되는 몇 가지 질문을 잡담에 포함시킬 수 있다.

일부 문화권에서는 신속하게 대화의 요점으로 들어간다. 어떤 문화권에서는 타인과의 관계와 친밀감을 형성하도록 다른 주제를 충분히 이야기한다. 다른 문화권에서는 보통 잡담으로 회의를 시작하고 끝낸다. 하지만 주목적에 관해 회의할 때는 명확한 전환이 일어난다. 물론 회의가 끝날 때까지 잡담이 없기를 바라는 문화도 있다.

'듣고 있음을 보여라.' 눈을 마주치고, 끄덕이고, 구두 신호("아하!", "정말?", "그는 안 그랬어!")를 사용하여 당신이 듣고 있음을 보여라. 당신이 듣고 있고 흥미가 있음을 상대가 알게 하라. 긍정적인 피드백을 줄수록 상대는 당신과 이야기하기를 즐길 것이다.

'무슨 말이든 하라.' 당신이 진심으로 상대의 말이 궁금하더라도 계속해서 질문하지는 말라. 상대는 추궁한다고 느낄 것이다! "세라, 당신이 어떻게 아나요?", "무슨 일을 하나요?", "어디서 왔나요?", "어디에 사나요?", "어느 직장에서 일하나요?" 한 번에 너무 많은 질문을 하지 말라. 당신이 많은 질문을 한꺼번에 받았다면 어떠한 기분일지 생각해 보라!

어쩌면 당신은 자신에 관해 말하기를 꺼릴 수 있다. 마음을 터놓는 것이 불편하거나, 당신이 자기중심적이라 여겨질까 봐 걱정될 수도 있다. 당신은 상대에게 초점을 맞추는 편이 좀 더 쉽다는 것을 알게 된다. 하지만 커뮤니케이션은 아이디어, 정보, 감정의 교환이며 양방향성을 지닌다.

대화를 시작하는 영리한 주제를 걱정하지 말라. 당신이 호기심과 흥미를 보이는 것이라면 무엇이든 대화를 시작하여 계속 진행할 수 있다.

주변 환경이나 당신을 둘러싼 어떤 것 등 당신과 상대가 함께 겪은 경험을 이야기해 보라. 대화를 단절시키는 "예"로 대답하는 질문인 "이 레스토랑 너무 좋지 않아요?"보다, "저는 이 레스토랑이 정말 좋아요"라고 말하라. 그냥 정중하게 행동하기 위해서든 아니든, 상대는 당신에게 왜 그런지를 물을 것이다. 대화를 위한 또 다른 기회를 열어 준다.

공유된 경험을 바탕으로 대화를 시작하는 질문이나 진술을 작성하면 상대와 의견을 나눌 확률이 높아진다. 당신이 관심사를 이야기하고 상대의 의견을 물어 본다. 읽고 있는 책이나 블로그, 웹사이트 등 흥미로운 이야기를 나눌 수 있다.

최근에 본 영화는 어떤가? 라디오나 TV에서 보고 들은 웃기고 유용한 내용들은 어떤가? 아니면 최근에 들었던 흥미로운 이론은? 열쇠를 잃어버린 적이 있거나, 10파운드를 주은 적이 있는가? 어쩌면 새로운 식당에서 식사를 했거나, 훌륭한 노래를 들었을 수도 있다. 상대에게 이야기하고 비슷한 경험을 했는지 물어보라. 당신의 일, 여행, 뉴스, 연예인 가십 등 모든 것이 서로 이야기를 나눌 만한 정보, 아이디어, 경험이다.

자라는 기금 모금을 위한 저녁 식사를 하러 가는 길에 자동차 라디오에서 두 개의 초능력 중 하나를 선택하는 토론을 들었다. 날개가 있어서 날 수 있는 능력과 착용하면 보이지 않는 망토를 갖는 선택이었다.

"조금 조용해지자 나는 그 토론을 언급했다." 자라는 회상했다. "라디오 프로그램과 마찬가지로 남자들은 날개를, 여자들은 망토를 더 좋아했다. 이 내용으로 대화를 열었고, 여러 다른 주제로 이어졌다."

'주제에서 빗나가라.' 잡담은 시작했던 주제로 끝나지 않아도 된다. 질문과 답변의 단서를 수집하여 대화를 이어 나가라.

종종 알맞은 말을 걱정하느라 대화 중에 어색한 침묵이 나타나기도 한다. '완벽한 대화 찾기를 멈추고' 그냥 머릿속에 떠오르는 이야기를 하라. 아침에 먹었던 피자를 말하고 싶다면 그렇게 하라. "당신이 먹은 가장 기이한 아침은 무엇인가?"라고 질문한다면 당신은 대화를 시작한 것이다. 그냥 놓아두고 당신이 느끼는 대로 이야기하면 된다.

경쟁이 아니다. 당신의 흥미진진한 이야기로 상대보다 우위에 있으려 하지 않아도 된다. 상대에게 얼마나 흥미롭고 재미있는지를 증명하는 것이 목표가 아니다. 잡담의 목적은 단순히 연결 고리를 만들어 서로를 어디로 이끄는지 보는 것이다. 미소 짓고, 흥미를 지니고 질문하며, 상대의 삶에 진정한 관심을 갖고 당신 자신에 대해 이야기하라.

옛날에는 종교나 정치, 돈, 건강에 대한 주제를 꺼내면 무례하다고 간주되었다. 현재는 거의 모든 것이 토론을 위한 주제이다. 다만 상대가 불편함을 느낄지도 모르는 단서(특히 비언어적 신호)에 유의한다.

'언제 멈추고 언제 꺼내야 할지 알라.' 대화가 모래 언덕을 오르 듯이 느껴지면 다른 주제로 나아가거나 침묵하도록 한다. 모든 사람들과 연결될 수는 없다. 어떤 대화는 간단하게 활기참을 거부한 다! 잡담은 언제 끝내야 하는지를 알아야 하는지가 중요하다.

어느 쪽이든 좋은 대화로 끝내라. "너와 이야기해서 좋았어", "좋은 저녁 되세요."

침묵에서 잡담으로, 잡담에서 보다 의미 있는 대화로

지난주 친구의 친구인 밥이 나를 집까지 태워 줬다. 우리는 잡담을 하다가 시 외곽을 운전할 때쯤 침묵이 흘렀다. 우리 옆으로 자전거 타는 사람이 지나갔다. 나는 브라이튼에 살고 있으며, 그날 런던부터 브라이튼까지 자전거 달리기 대회가 있다고 말했다. 밥은 크롤리에 살았다고 말했다. 크롤리는 행사 경로에 있는 마을 중 하나였다. 나는 크롤리에서 태어나서 자랐다고 말했다. 이 말은 자전거 타는 사람으로 옮겨 가 흥미로운 대화를 시작하는 계기가 되었다.

여전히 모르는 사람과의 대화가 겁난다면 매일 30일 동안 하루 한 명의 낯선 사람과 이야기하는 도전을 하라. 상점, 카페, 영화관, 극장 등 공공장소에서 일하는 사람들이 좋다. 그들은 사람들과의 잡담에 익숙하기 때문이다. 이 연습은 당신이 모르는 사람과 이야기하는 상황에 익숙해지게 만들고, 대화를 시작하는 습관도 형성해 준다.

충분히 연습했다면 당신은 사람들 주위에 있는 자신을 편안하게 느낄 것이다. 처음에는 이상하고 무서운 느낌이 생기리라 걱정되겠지만, 큰 그림을 보라. 당신이 열 번이나 연습하고도 여전히 부끄러울 것 같은가? 이십 번은 어떤가?

네트워크 형성

네트워크 형성networking은 정보와 연락처, 경험을 교환하는 행위를 포함한다. 사회적이거나 직업적 이유와 상관없이 효과적인 커뮤니케이션 기술은 네트워킹의 핵심을 이룬다.

오늘날 과학 기술은 네트워킹의 새로운 차원을 만들어 냈다. 이름만으로 구글 검색을 하고, 링크드인Linked in 프로필을 구경하고, 페이스북 정보를 찾고, 트위터를 타고 들어간다. 하지만 온라인 소셜 네트워킹은 다른 사람들과 대면하는 네트워킹의 중요성을 손상시키지 않는다.

네트워킹에는 시간과 노력이 필요하다. 어떤 사람들은 진실하고 상호 유익한 관계를 구축하고 싶어 한다.

누구와 네트워킹을 하는가?

두 가지 기회가 있다. 당신과 같은 아이디어나 관심사를(직업적이든 사회적이든) 가진 사람과 네트워킹 하기, 새로운 아이디어와 관심사를 통해 새로운 사람들과 네트워킹 하여 시야를 넓히기 등이다.

아직 자신감이 없고 네트워킹에 연습이 필요하다 생각된다면 당신이 흥미로워하는 편안한 분야에서 시작하라. 조직된 클럽을 찾아라. 웹사이트와 소셜 네트워킹 사이트를 살펴보라. 당신의 관심사와 목표를 공유하며 만날 만한 사람들을 찾아라. 원예를 좋아하는가? 원예 클럽이나 왕립 원예학회, 내셔널 트러스트National Trust가 운영하는 강연회와 강좌를 찾아보라.

당신이 강하게 느끼는 목적이 있다면 자진해서 그냥 들이대라. 재미있고 의미 있는 일을 하느라 바쁘다면 당신의 연결 고리를 형성하는 네트워킹 기술과 능력이 자연스럽게 느껴질 것이다.

수줍어하거나 내성적인 사람들은 스스로 관심이 있거나 열정적인 일을 이야기할 때 훨씬 더 개방적이고 수다스러운 경향이 있다. 당신처럼 보드 게임, 하이킹, 노래에 관심 있는 사람들을 찾으면 훨씬 쉽게 연결 고리를 만든다.

다음으로는 편한 영역을 확장하라. 새로운 사람들을 만나 새로운 경험을 즐길 기회를 찾아라. 비즈니스든, 즐기는 것이든 성공적인 네트워킹을 위해서는 시야를 넓혀야 한다. 당신과 다른 부서에서 일하는 사람에게 말을 걸거나, 완전히 새로운 취미와 관심사를 가진다. 책이나 영화 클럽, 와인 동호회, 동굴 탐험 클럽 등 높은 수준의 사회적 접촉을 요하는 영역으로 가라.

원하지 않는 사람들을 만날 준비를 하라. 네트워킹을 하는 동안 당신이 알고 싶어 하는 사람을 만나고, 알기 싫은 사람은 가려내야 한다.

어떻게 네트워킹 하는가

누구를 아는 사람인지 파악하라. 대화를 나누면서 그들이 삶과 재미를 위해 무엇을 하는지, 그들의 파트너와 자식, 친한 친구 들은 일과 여가를 위해 무엇을 하는지 알아보라.

커뮤니케이션
예시

당신은 북 클럽에서 줄리아를 만났다. 대화를 하면서 그녀의 여동생이 승마 전문가임을 알았다. 몇 주 후 조카가 당신에게 항상 말 타는 법을 배우고 싶었다고 말했다. 당신은 줄리아에게 전화해 그녀의 여동생이 내가 주는 생일 선물로 조카에게 개인 레슨을 해줄 수 있는지 물어봐 달라고 했다. 줄리아의 여동생이 동의했다.

당신의 조카는 황홀해했다. 얼마 후 줄리아는 새 비즈니스를 마케팅 하기 위한 도움이 필요하다고 했다. 조카의 여자 친구는 소셜 미디어 관련 마케팅 컨설턴트였다. 줄리아는 그녀를 고용했다. 조카의 여자 친구는 매우 고맙게 여기며 새로운 웹사이트를 위해 훌륭한 사진을 찍는 사진작가를 소개해 줬다. 그렇게 계속 흘러간다!

'외향적인 사람을 찾아라.' 네트워킹을 하다 보면 매우 능숙한 사람들을 알게 된다. 그들은 전부를 아는 듯이 보인다! 이러한 사람들을 먼저 알아야 한다. 그들이 당신의 관심사나 목표를 공유하고 넓힐 상대를 소개시켜 주기 때문이다.

'친절하라.' 상호 유익한 관계를 형성하고자 한다면 당신이 먼저 다가가서 공헌할 무언가를 만들라. 정보, 제안, 칭찬을 제공할 수도 있다. 새로운 사람들을 집에서 갖는 식사나 행사에 초대하여 서로서로 소개해도 된다. 당신이 정직하고 진실하다면 사람들과 좋은 관계를 만들어 미래의 기회를 열어 갈 것이다.

'다가가 물어보라.' 무언가 필요하다면 넓은 그물을 던지고 어떤 일이 일어나는지 보라. 당신에게 무엇이 필요한지 상대가 쉽게 이해하도록 하라. 그런 다음 당신의 상황을 설명하는 전화나 이메일을 보낸다. 사과하지 말라. "귀찮게 해서 미안해요"라고 말하지 않는다. 당신은 미안할 이유가 없다. 단지 그가 당신을 도울 정보나 자원을 가지고 있는지 물을 뿐이다.

'지속적으로 연락하라.' 당신의 네트워크를 유지하라. 당신이 읽거나 들은 내용 중 상대가 관심 가질 만한 것들을 보내라. 나쁜 상황이라면 위로의 표현이나 연민의 메시지를 보낸다. 그들에게 일어난 좋은 일을 듣는다면 축하의 메시지를 보낸다.

프레젠테이션 하기

여론 조사와 설문 조사가 믿을 만하다면 대중 연설은 사람들이 가장 두려워하는 것 중 하나이다. 사교적인 경우이든, 비즈니스 프레젠테이션이든 많은 사람들이 대중 연설을 두려워한다. 왜 이럴까?

많은 이유들은 모두 부정적인 생각과 관련이 있다. '일이 나쁘게 될 거야', '단어를 까먹을 거야', '너무 빨리 말할 거야', '사람들이 지루해할 거야', '질문에 답하지 못하면 모든 사람이 나를 멍청하다고 생각할 거야', '완전히 성공하지 못하면 완벽한 실패나 마찬가지야' 등의 생각을 말한다.

부정적인 생각을 자꾸 하면 불안감을 만들어 내는 기억과 이미지, 느낌을 이끌어 낸다. 당신의 자신감마저 약화시킨다. 자신감은 정확히 당신에게 필요한 것이다. 당신은 할 수 있다고 스스로 믿어야 한다. 좋은 소식은 합리적인 준비만 한다면 당신은 해낼 수 있다는 것이다!

좋은 프레젠테이션은 자신감에 더해 공감을 필요로 한다. 청중의 위치에 서면 프레젠테이션에 필요한 구조, 내용, 전달 측면을 잘 이해하게 되기 때문이다.

공감하는 발표자 되기

회의든, 미팅이든, 사교적인 상황의 연설이든 당신이 참석한 마지막 프레젠테이션을 생각해 보라. 무엇이 좋았는가? 명확하고 간결했는가? 따라가기 쉬웠는가? 발표자의 요점이 무엇이었는지 알았는가? 흥미로웠는가? 재미있었는가? 뭐라도 배웠는가?

무엇이 별로였는가? 발표자가 횡설수설했는가? 따라가기 어려웠는가? 발표자의 요점이 무엇이었는지 알았는가? 발표자가 따분하고 지루했는가? 심지어 잘난 체했는가?

당신이 참석했던 과거 프레젠테이션을 통해 배워야 한다.

다른 커뮤니케이션과 마찬가지로 프레젠테이션의 품질은 당신이 무엇을 이야기하는가(콘텐츠)와 어떻게 이야기하느냐(퍼포먼스)에 달려 있다. 즉, 메시지가 분명해서 듣는 이가 쉽게 이해할 수 있어야 한다. 그렇다면 준비를 대체할 만한 것은 없다.

준비

먼저 당신의 목적과 주요 메시지가 무엇인지, 두 번째로 핵심 요점들이 무엇인지 결정하라. 두 가지에 관한 리스트 작성을 출발점으로 삼는다.

좋은 프레젠테이션은 이 공식을 따른다. 청중에게 당신이 무엇을 이야기할지 알려 주고, 그것을 이야기한 다음, 무엇을 이야기했는지 알려 주는 것이다. 청중에게 주요 요점이 무엇인지 알려 주는 소개로 시작한다는 의미이다. 그 후 증거와 예제를 통해 각 주요 요점을 설명하고, 마지막으로 방금 말한 내용을 요약한다.

프레젠테이션을 대략적인 형태로 작성하여 검토하라. 관련이 없거나 불필요한 내용을 찾아 삭제한다. 한 요점에서 다른 요점으로 원활하고 논리적으로 넘어가는지 확인하라. 당신이 명확히 이해하지 못하여 쉽게 설명하지 못한다면 아예 말하지 않는 방식도 고려하라.

주요 요점들이 적힌 카드를 준비하라. 당신이 이야기하고 싶은 모든 중요한 포인트에 글머리 기호, 키워드, 짧은 문구 등을 사용한다. 이렇게 하면 큐 카드를 보면서 다음 요점을 생각하여 자유롭게 설명하게 된다. 처음에는 안절부절못해 보일 수도 있지만, 사전에 잘 연습한다면 빠르게 카드에 적힌 글머리 기호를 보기만 해도 내용을 상기하게 된다.

절대 대본처럼 읽어서는 안 된다. 망설임과 횡설수설을 피하는 도움이 될 수는 있지만, 당신이 종이에 머리를 박고 이야기한다면 청중들과 소통하기 힘들다!

떨어트릴 실수에 대비해 카드에 번호를 적는 것을 잊지 말라. 당신이 파워포인트의 슬라이드 기능을 사용한다면, 청중에게는 가이드가 되고 당신에게는 프롬프터가 될 것이다.

프레젠테이션 연습을 하라. 처음에는 자신 앞에서, 다음으로 친구나 동료 앞에서 연습하라. 정직한 피드백을 요청하라. 무엇이 좋고, 무엇을 개선해야 하는가?

청중이 물어 올 가능성이 있는 질문을 미리 예상하여 간결하고 신뢰할 만한 대답을 준비하라. 당신이 프레젠테이션 하는 특정 청중을 위해 답변을 조정하라.

프레젠테이션 하기

허용 시간을 넘지 말라. 가능한 짧게 하라. 시간 초과보다 차라리 짧은 편이 더 좋다. 계획대로 프레젠테이션을 이끌어 나가고, 주제에서 벗어나는 유혹에 빠지지 않는다.

마지막에는 질문이 있는지 물어보고 잘 듣는다. 질문이 복잡하다면 의미를 바꾸지 않고 단순하게 만들어 다시 말하라. 화가 났다면 중립적인 언어로 다시 작성하라. "최근 언론 보도에 비추어 볼 때 회사가 정리 해고에 대한 입장을 재검토할지 알고 싶습니까?"

질문에 대답하는 동안에는 먼저 질문자를 보고 다른 청중도 둘러본다. 대답이 모든 사람에게 의미가 있음을 보여 주는 것이다. 반복적인 질문을 하는 질문자의 의욕을 꺾고 다른 사람에게 질문할 기회를 주려면 대답을 끝내면서 시선을 옮기고, 그쪽에서 나오는 질문을 받는다.

전달

명확하게 말하라. 소리 지르거나 속삭이지 말라. 음향 상태를 체크하라. 잘 모르겠다면 모든 사람이 들리는지 물어보라.

서두르지 말라. 같은 속도로 천천히 말하려 노력하고, 각 핵심 요점 뒤에서 잠깐 멈추는 것도 잊지 않는다. 핵심 요점에서 멈추면 중요성을 강조하는 효과를 준다. 오바마 전 대통령의 연설을 들어보라. 그는 이 요령을 매우 효과적으로 활용한다.

요점을 강조하려면 손을 사용하라. 손을 너무 많이 흔들거나 움직이지는 않아야 한다. 연습하며 보디랭귀지에 관한 피드백을 달라고 하라.

너무 많이 움직이는 것을 피하라. 일부 움직임은 청중의 참여를 돕지만, 왔다 갔다 하면 청중들을 불안하게 만들 수 있다.

당신은 어떤 스타일을 선호하는가? 어떤 스타일이 당신에게 더

편하다고 느끼는가?

청중들을 가능한 많이 쳐다보라. 단, 시선을 한 사람에게 고정시키지 말라. 위협적으로 보일 수 있다. 목소리가 청중의 뒤쪽을 향하게 하라. 특히 넓은 공간이라면 더더욱 신경 써야 한다.

말하는 동안 청중을 마주 보라. 화이트보드나 도표, 스크린을 쳐다보는 것이 아니다. 내가 최근에 그랬다. 청중 중 한 사람이 입술 모양으로 말을 알아듣는다고 들었음에도 말이다. 이 상황은 내가 말하기에 집중하는 동안 동료가 칠판에 글을 쓰면 어떻겠냐고 제안하여 해결되었다.

청중들의 보디랭귀지에 주목하라. 언제 넘어가야 하는지, 언제 멈춰야 되는지 눈치채야 한다.

파워포인트 슬라이드

파워포인트 슬라이드는 아이디어와 정보를 표현하는 명확하고 간결한 도구를 제공한다. 그러나 청중들은 지루한 파워포인트 프레젠테이션을 원하지 않는다. 프레젠테이션이 떨리더라도 화면에 당신이 말할 텍스트를 적고 그대로 읽는 실수를 하지는 말라. 청중과 커뮤니케이션 하는 방식이 아니다. 파워포인트에 모든 것이 있다면 사람들은 당신이 왜 그냥 앉아서 다른 청중처럼 지켜보지 않는지 궁금해할 것이다!

슬라이드 쇼를 생각하기 전에 당신의 프레젠테이션 내용을 먼저 생각해야 한다. 그렇게 하면 슬라이드 쇼가 프레젠테이션의 내용과 구조를 지배하는 것을 막는다. 슬라이드 쇼는 당신의 프레젠테이션을 '도와주기' 위한 도구임을 항상 명심하라.

당신의 말이 불필요하다기보다는 프레젠테이션의 완전한 이해를 위한 화법이 필요하다. 다음 사항을 명심하라.

- 글자 수를 최소화하라. 너무 많으면 슬라이드 읽기가 어려워질 위험이 있다. 청중들은 동시에 읽고 듣기 위하여 고군분투해야 한다.
- 단어는 슬라이드당 최대 35개, 글머리 기호는 슬라이드당 최대 5개로 제한하라. 잘 보이도록 알맞은 글꼴 크기와 글자체를 사용하라.
- 가능한 사진과 이미지로 아이디어나 요점을 표현하라. 즉각적인 영향을 주며, 기억하기도 쉽다.

당신이 파워포인트를 사용하지 않는다면 청중이 참여하도록 화면을 끄거나, 이미지나 로고가 있는 슬라이드를 '벽지'처럼 사용하는 방식이 있다.

해야 할 사항

- 너무 의욕적이지 않게 하라. 시간을 너무 많이 사용하지 말라.

- 간단히 하라. 커뮤니케이션의 기본 규칙을 기억하여 몇 가지 요점을 완벽하게 계획하라.

- 대화 중에 참조할 메모를 작성하라. 글머리 기호와 키워드를 사용하라.

- 서론으로 시작하라. 프레젠테이션의 내용을 간단하게 요약하면서 시작하라.

- 예시를 사용하여 당신의 아이디어와 요점을 분명히 강조하라.

- 질문하라. 청중의 참여와 집중을 도울 것이다.

- 마지막에 다시 한 번 요약하라.

금해야 할 사항

- 해야 할 말을 길게 쓰거나 단어를 하나하나씩 읽지 말라.

- 프레젠테이션 작성에 얼마나 많은 노력을 들였는지, 당신이 얼마나 똑똑한지 청중에게 알리려 하지 말라. 사람들은 당신의 말을 이해하고 배우는 것에만 흥미를 갖는다.

- 파워포인트가 당신 대신 프레젠테이션을 할 것이라 믿지 말라.

- 이야기 중에 유인물을 주지 말라. 사람들은 당신의 말을 듣는 대신 유인물을 읽을 것이다!

준비가 잘되었다면 당신은 긍정적이고 자신감 있게 느낄 것이다. 당신이 여전히 떨린다면 나의 친구가 쓰는 방법을 시도해 보라. 바로 멋진 신발을 신는 것이다!

면접

사람들이 가장 두려워하는 첫 번째가 대중 연설이라면 면접은 아주 간소한 차이로 두 번째일 것이다. 비슷한 이유로 모두 부정적인 생각과 관련이 있다. "나는 아무 말도 못할 거야", "나는 너무 빨리 말할 거야", "나는 질문에 맞는 답을 모를 거야" 같은 생각이다. 대중 연설과 마찬가지로 면접도 준비 말고는 다른 대안이 없다.

먼저 검색하라. 기업이나 고용주의 서비스, 시장, 경쟁자와 트렌드를 검색하라. 이러한 정보는 두 가지 이유에서 유용하다. 첫째, 왜 이 회사에서 일하고 싶은지에 관한 피할 수 없는 질문을 받았을 때이다. 둘째, 내부 지원자와 경쟁할 경우 회사에 대한 지식은 당신에게 보다 유리하게 작용할 것이다.

면접 보기 하루 전에 지원서를 다시 한 번 읽어 보라. 많은 질문들이 당신이 작성한 지원서에서 나올 것이다. 당신이 무엇을 적었는지 기억하라. 당신이 적은 내용 중에서 어떤 질문이 나올지 생각하라.

긍정적인 첫인상을 위해 면접관을 만나면 굳게 악수를 나누고, 눈을 바라보며 "안녕하세요"라고 말하라. 유리한 인상을 심기에는 처음 몇 초가 매우 중요하다. 보디랭귀지를 자연스럽고 긍정적으로 유지하면(미소, 끄덕임, 좋은 자세 등) 자신감 있는 이미지를 투영하여 도움이 된다.

'경청하라.' 당신의 긴장감과 기대, 편견이 경청에 영향을 미치지 않도록 하라. 사실만이 아니라 감정과 가치관도 경청하라. 면접관이 말하는 동안 머릿속으로 대답을 만들거나 방해하지 말라.

'명확히 하라.' 면접관이 당신에게 무엇을 묻는지 불확실하면 문제를 되짚어 본다. 면접관이 "당신은 힘든 상황에서 어떻게 대처할 것이라 생각합니까?"라고 질문하면 당신은 문제를 이렇게 되짚는다. "직장에서 일상적으로 일어나는 힘든 상황을 의미하는지, 구조조정의 한가운데 있는 회사에서 일하는 힘든 상황을 의미하는지요?" 이러한 접근법은 당신이 상황과 필요에 따라 작업의 명확성을 찾는 자신감을 보여 준다.

'자신감 있고 확고한 목소리로 대답하라.' 웅얼거리거나 급하게, 또는 주저하듯 말하지 말라. 질문 다음에 답변이라는 공식을 따른

174

다. 구체적으로 예시를 주고 긍정적으로 답한다. 답변은 한 단어나 한 문장으로 끝나지 않아야 한다. 물론 너무 길어도 안 된다.

"어떤 기술과 강점을 직업에 적용할 것인가요?"라는 질문을 받았다. 당신은 직업에 도움이 되는 자질을 보여 줄 실제 경험을 생각해 볼 필요가 있다. 당신은 다음처럼 대답할 수 있다. "이 직업에서 나의 가장 큰 강점은 인내심과 차분하고 유연한 접근 방식입니다. 마지막 직장에서도 마감일이 다가올 때마다 침착함을 유지했습니다. 그러면 마감일을 맞추기 위해 명료하게 생각하여 우선순위를 다시 고려하게 되었습니다."

긍정적 커뮤니케이션

답변을 준비할 면접 질문 중 하나는 "왜 지금 직장을 떠나고 싶습니까?"이다. 직장이 너무 지루해서, 아니면 관리자가 너무 싫어서일지도 모른다. 하지만 절대 사실대로 말해서는 안 된다. 절대 지금의 고용주나 매니저를 비난해서는 안 된다. 당신은 불평하거나 넋두리하거나 투덜거리는 사람으로 보일 수 있다. 면접관은 긍정적인 대답을 듣고 싶어 한다. 예를 들면 경력의 발전과 성장을 반영하는 대답이 있다. 당신의 현재 역할에 어느 정도 머무르면서 이제 새로운 도전과 추가적인 책임감을 원한다고 이야기하는 것이다.

질문에 맞는 답을 모른다면 모른다고 말하라. 절대 거짓말하지 말라.

마지막으로 면접관은 당신에게 "하고 싶은 질문이 있나요?"라고 물을 것이다. 몇 가지 질문이 떠오를 수도 있지만, 필요한 모든 정보를 얻어 더 이상 질문이 없을 수도 있다. 그런 경우라면 그냥 그렇다고 말하라.

회의와 그룹

회의는 무엇을 행하기 위해 사람들을 하나로 모으는 유용한 역할을 한다. 그러나 종종 회의는 흥분보다 두려움을 불러일으킨다. 회의를 준비하고 운영하는 책임은 주로 상사에게 있지만, 그룹 구성원으로서 당신도 해야 할 역할이 있다. 효과적인 커뮤니케이션 기술을 연습할 기회를 얻음으로써 어떠한 가치 있는 일이 성취되었는지 확인하게 된다.

- 준비하라. 회의 전에 논의될 의제, 목표, 기대 사항, 문제점 등 요점을 인지하라. 의제를 한번 읽어 보라.
- 목적을 두라. 무엇을 말할지, 무엇을 배울지 등이다.

- 당신이 기여할 만한 것이 무엇인지 확실하지 않다면 들어라. 들으면서 무언가 흥미롭거나 유용한 것을 배울 수도 있다.

- 사람들의 보디랭귀지나 다른 형식의 비언어 커뮤니케이션을 연습할 기회를 잡아라. 그들의 비언어 커뮤니케이션이 말과 일치하는가?

- 가만히 앉아서 듣기 힘들면 필기를 하라. 아이디어, 갑자기 떠오른 생각과 질문 등을 써 내려가라.

- 질문, 아이디어, 정보 등 말할 것이 있다면 구체적으로 하라. 무슨 말을 하고 싶은지 정확하게 선택하라. 당신의 요점과 아이디어를 뒷받침할 예시를 들라.

- 상대가 잘 듣지 않고 있다면 "~가 어떻게 생각하는지 듣고 싶습니다"라고 말하라. 조용한 멤버들에게 대답과 아이디어, 의견을 구하라.

- 불명확하다면 당신이 들은 내용을 다른 말로 바꾸어 표현하고, 명확한 설명을 요구하라.

- 다음에 무엇이 일어날지, 사람들이 어떻게 참여하는지, 예상하는 결과는 무엇인지 명확한 생각을 갖고 회의를 끝내라.

더 나은 이메일 작성법

이메일은 대개 편지보다 짧다. 대체적으로 무엇을 요청하거나, 요청에 따른 답변과 질문으로 작성된다. 이메일에서는 비공식적 단어와 약어, 표준 인사말의 부재가 흔하다. 하지만 편지처럼 이메일도 핵심과 요점 등 글을 작성하는 명확한 이유를 포함해야 하며, 정중하고 쉽게 이해되어야 한다.

제목

설명이 포함된 제목을 사용하라. 몇 단어로 설명하여 이메일 내용을 소개한다. 짧지만 구체적이어야 한다. '긴급'이라고 작성하는 대신 '10월 30일 급여 인상에 관한 회의'라고 작성하라. '안녕하세요'나 '좋은 소식', '제인이 보내는 메시지' 같은 제목을 쓰지 말라. 일부 이메일 제공자들이 자동으로 스팸메일로 여겨 삭제한다.

새 주제를 시작할 때마다 새로운 제목을 사용하라. 다른 제목의 과거 이메일에 '답장'을 보내지 말고 새로운 제목을 사용하라.

인사말

물론 발신자가 보낸 인사말과 동일한 인사말을 복사하여 사용할 수도 있다. 당신과 이메일로 연락하는 사람과 반복하여 인사말을 사용하는 것은 전혀 문제가 안 된다. 하지만 당신이 먼저 글을 쓰는 사람이라면 여러 가능한 인사말이 있다.

'안녕', '안녕+이름'은 격식에 얽매이지 않아서 친구나 동료들에게 사용할 수 있다. 보다 정중하게 수신자의 이름 대신 성을 사용할지 여부는 이메일을 보내는 사람에 따라 다르다. 비즈니스나 직장에서는 이전에 수신자와 대화한 적이 있고 비슷한 직책이라면 이름을 사용하는 것이 적절하다. 수신자가 당신보다 높은 직책이거나, 잘 모르는 경우에는 성과 직함을 함께 사용하면 가장 좋다(첫 번째 커뮤니케이션에서 특히). "안녕하세요, 보타 씨Mr. Botha". 당신이 여러 사람들에게 글을 쓴다면 "모두 안녕하세요", "안녕하세요, 여러분"이라고 쓰면 된다.

어떤 이들은 받는 사람의 이름 대신 '친애하는Dear'을 사용한다. 비즈니스 편지에 적합하지만, 비즈니스 이메일에서는 너무 예스럽다. 또한 비즈니스 이메일에 사용하기에는 너무 친밀하다. 사용하고 싶다면 너무 친하게 느껴지지 않도록 하라. 'Mrs', 'Ms', 'Mr'를 사용하여 균형을 잡아야 한다. "친애하는 루이스Dear Louise" 대신 "친애하는 켐벨 씨Dear Mrs Campbell"가 좋다.

종종 인사말 없이는 "니나", "잭", "머피 씨"라고 편지에 쓸 생각조차 하지 않는 사람들이 있다. 이메일에서는 주저하지 말라. 하지만 이메일에서도 갑자기 누군가의 이름을 그런 식으로 외치면 너무 갑작스럽게 보일 수 있다.

이메일로 대화하는 경우, 즉 당신과 상대 사이에 연속으로 오가는 이메일에서는 인사말을 쓰지 않는 것이 일반적이다. 이 방법을 사용하는 이메일은 문자 메시지와 거의 같다. 인사말이나 이름을 굳이 쓸 필요가 없다.

이메일 시작하기

메시지가 무엇인지 명확하게 말하면서 시작하라. 다음은 이메일을 작성하는 가장 일반적인 이유이며, 당신이 이메일의 시작으로 사용할 만한 몇 가지 문장들이다.

❶ 이전 이메일이나 다른 연락에 답장하기

"전화 감사드립니다."

"어제 만나 주셔서 감사합니다."

"정보를 주셔서 감사합니다."

❷ 요청하기

"~을 알려 주실 수 있나요?"

"~이 가능한가요?"

❸ 정보를 갱신하기

  "~을 알려 드리기 위함입니다."

  "~을 알려 드리기 위해 이메일 드립니다."

❹ 계획 수정

  "죄송합니다. 다음 주에는 만날 수 없습니다."

❺ 첨부 파일 참조

  "첨부 파일에 흥미를 가질 것 같아 보내 드립니다."

당신의 이메일은 다음 단계로 나아가 후속 단락에서 자세한 정보를 제공해야 한다.

각 이메일에 하나의 요점을 적어라. 종종 너무 많은 요점을 포함시키면 상대가 가장 중요하다고 생각하는 내용에만 대답한다. 상대는 다른 요점에 답변하는 것을 진심으로(또는 편리하게도) 까먹을 수 있다. 당신이 이메일에 답장할 때도 이 점에 유의하라. 모든 요점에 답변했는지 확인하라. 필요하다면 다른 요점들에 관한 이메일을 더 보낸다. 간단하게 "다음에는 ~와 관련된 이메일을 보내 드리겠습니다"라고 말하라.

글을 쓰는 한 가지 이상의 이유가 있다면 각각의 이유나 아이디어, 주제에 대한 별도의 단락을 제공하라. 여분의 공간은 당신의 글에 한 가지 이상의 이유가 있음을 상대가 이해하게 만든다. 충분한 공간을 사용하라. 상대가 당신의 이메일을 읽기 위해 노력하지 않도록 하라.

목록은 정보를 분리하여 상대가 보다 쉽게 이해하게 만드는 좋은 방법이다.

● 회의에 다음을 가지고 오십시오.
 - 당신의 업적에 관한 예시들
 - 미래 프로젝트를 위한 아이디어
 - 경쟁사의 업적에 관한 예시들
 - 고려해야 할 법적 문제와 정보

목록에는 글머리 기호를 사용하라. 상대의 주의를 각각이 분리된 요점이라는 사실로 이끈다.

당신의 이메일을 유익하고 정중하게 유지하라. 상대가 당신의 이메일을 다른 사람들에게 전달할(의도적이든 아니든) 수도 있다. 다른 사람들이 읽어도 행복한 내용만 쓴다. 험담, 개인적 의견, 불쾌한 지적, 기밀 정보, 풍자 따위는 하지 말아야 한다. 확신이 안 서면 전화를 하거나 직접 만나서 대화하라. 아예 당신의 이메일을 국민 모두가 읽을 수도 있다고 가정하라!

분노 이메일

이메일을 보낼 사람에게 화가 나거나 기분이 상했다면 새로운 이메일을 열되 '받는 사람'이나 '이메일 주소'를 채우지 말라. 그러면 진정된 후 후회할 이메일을 보내는 실수를 피할 수 있다. 당신의 기분과 이유를 입력하라. 모든 감정을 털어놓되 보내지는 말라! 이메일에서는 특히 중요하다. 분노 이메일을 작성하여 보내는 것은 신발을 던지는 만큼이나 빠르다!

당신이 진실을 위해 답변할 때는 사실에서 벗어나지 말고 '당신은' 대신 '나는'으로 말하라. "당신이 나를 실망시켰어"보다 "나는 당신의 코멘트에 실망했습니다"가 좋다.

'절대'라고 절대 말하지 말라. 차츰차츰 분명한 입장으로 이동하는 편이 좋다. 대체적으로 그 길을 따라 타협할 만한 절충점에 도달한다.

문제가 민감하거나, 이메일이 길다면 다른 사람에게 읽어 보라고 부탁하라. 그들이 직접 이런 이메일을 받으면 불쾌감을 느낄지 물어보라.

결말

일반적인 결말은 "행복을 빌며", "안부를 전하며"이며 관련성이 있다면 "감사합니다"이다. "그럼 안녕히 계십시오", "(이름) 올림"은 일반적으로 이메일에 사용하기에는 너무 형식적이다.

마지막으로 자신에게 질문하라. '명확한가?', '상대는 다음으로 무엇을 해야 하는지 아는가?', '정중한가?'

답변을 위한 충분한 시간을 남겨 두라. 쓰기와 보내기에 몇 초밖에 걸리지 않는 요구도 성취에는 훨씬 더 오랜 시간이 걸릴 수 있다. 며칠이 지났는데도 응답을 받지 못했다면 원래 보냈던 이메일을 수신자가 받았는지, 당신이 작성한 이메일에 대해 시간을 갖고 고려했는지 정중히 물어보라. 전화로 후속 조치를 취하면 더욱 효과적이다.

이메일 수신

답장을 받았다면 감사를 표하라! 간단히 "감사합니다"로도 충분하다. 이메일을 수신했다면 당신이 굳이 답장하고 싶지 않은 한 항상 답장하라. 받았다는 사실만 전하고 완전한 답장은 며칠 후에 주더라도 말이다. 직장에서 특히 바쁜 시기에 상대가 필요로 하는 정보를 얻었거나 당신이 갖고 있는 경우라면 더욱 그렇다.

홀륭한 커뮤니케이터는 항상 수신한 이메일에 답장을 한다. 당신이 잘 잊어 먹는 사람, 비효율적이고 신뢰할 수 없으며 체계적이지 못한 사람으로 인식되는 상황을 피하려면 항상 답장하라.

CHAPTER 08

어려운 커뮤니케이션
상황을 극복하기

커뮤니케이션이 원활해지면 말과 생각, 감정이 쉽게 전달된다. 그러나 상황이 나빠지면 커뮤니케이션은 피아노를 오르막으로 끌어 올리는 만큼이나 어려워진다. 8장을 통해 우리는 어려운 상황에서 커뮤니케이션할 때 사용할 기술과 기법을 살펴볼 것이다. 비판과 나쁜 소식을 다루는 상황은 연관된 모든 사람들에게 어렵지만 민감하게 다뤄질 수 있다. 8장에서는 그에 대한 방법을 보여 준다.

떠나고 싶거나 떠나야 하지만 상대는 당신과의 불편함을 잊어버리고 아주 행복하게 수다만 떨고 있는가? 어떻게 누군가의 입을 닫게 만드는지도 지금부터 알려 주겠다.

먼저 모든 어려운 커뮤니케이션 상황에 적용되는 몇 가지 지침이 있다.

커뮤니케이션 주의 사항

해야 할 사항

- 경청하라. 당신은 무언가에 대한 다른 관점을 주는 정보를 놓쳤을 수 있다. 생각이나 느낌을 바꿀 새로운 아이디어나 사실에 열린 마음을 가진다.
- 감정을 알아내기 위해 다른 말로 바꾸어 표현하고 질문하라. 어려운 상황에서는 사람들이 거의 요점을 전달하지 못한다. 다른 말로 바꾸어 표현하면 그들의 말을 명확하게 이해하게 된다. 상대의 말을 되돌아보고 올바른지 물어보라. 종종 그들이 비효과적으로 무언가를 설명했거나, 요점을 전혀 이해하지 못했을 수도 있다. 언쟁을 계속하거나 잘못된 해석에 따라 행동한다면 상황이 매우 빨리 악화될

것이다.

- 느낌과 감정을 인식하고 인정하는 시간을 가져라. 자주 사람들은 어려운 상황에서 자신의 감정을 숨기려 한다. 숨기지 말고 내비쳐라. 그러지 않으면 결국 감정이 표현을 지배하는 처지에 놓인다.
- 강조하라. 이 상황이 상대에게 어떻게 느껴질지 인식하라.
- 차분하고 느리게 통제하면서 말하라. 당신의 연설, 반응, 보디랭귀지는 상대에게 엄청난 영향을 미친다. 해를 끼치기보다 더 많은 도움을 주도록 매우 조심해야 한다.
- 천천히 말하라. 당신의 연설과 보디랭귀지를 의식하라.
- 견해에 대한 증거를 제공하라. 변명이나 장황한 설명은 안 된다.
- 솔직하라. 당신이 무엇을 알거나 모르는지, 무엇을 왜 생각하고 느끼는지 솔직히 말하라. 이것은 상대가 당신을 보다 잘 이해하도록 돕는다.

금해야 할 사항
- 상대가 정확히 어떻게 느끼는지 주장하지 말라. 당신은 모른다!
- 상대의 감정과 생각을 부정하지 말라. ("네가 그렇게 느낀다고 믿지 않아", "아니, 그건 네가 생각하던 게 아니잖아" 등) 상대를 방어적으로 만든다. 그들은 맹렬히 비난하거나 물러나 더 이상 아무 말도 하지 않을 것이다.

비판을 주고받기 : 비판을 다루는 법

누가 비판을 듣고 싶어 하는가? 비판은 보통 아프다. 사실 비판에 사용하는 단어들은 신체적으로 해를 입히는 것과 거의 같다. 당신은 '마구 때리거나', '비난받거나', '즉각 물고 늘어지는' 것처럼 느낄 수 있다.

상대의 비판이 당신을 화나게 만들면 아마도 합리적이지 않고 감정적으로 반응할 것이다. 방어적으로 반응하거나, 모든 것을 부정하고 상대를 탓하거나, 공격하거나, 부루퉁할 것이다. 당신은 통제력을 상실한다. 상대의 업적을 객관적으로 듣고 차분히 칭찬해주거나, 그에 따라 반응할 수 없게 된다.

물론 비판에 대한 당신의 반응은 다양한 요인에 따른다.

- 누가 당신을 비난하는가?
- 왜 당신을 비난하는가?
- 언제 당신을 비난하는가?
- 어디서 당신을 비난하는가?

공정한 비판이든 불공정한 비판이든, 당신을 비난하는 사람이 누구든, 처리할 수 있는 긍정적인 방법이 있다. 좋은 커뮤니케이션 기술은 상대가 비판 전달에 숙련되지 않은 경우에도 당신이 비판을 잘 다룰 수 있게 한다! 다시 한 번 강조하지만, 적극적인 경청에 중점을 두라.

❶ '상대의 말을 경청하라.' 제대로 들어라. 끼어들거나, 사과하거나, 온전히 듣기를 방해하는 무언가를 하려는 충동을 참는다. 기억하라. 목적은 단순히 상대방이 무엇을 말하는지, 그들이 당신을 비판하는 내용이 무엇인지 정확히 '이해'하는 것이다.

❷ '되돌아보라.' 비난에 반응하기 전에 상대가 말했거나 느끼고 있는 것을 다시 한 번 생각해 보라. "제가 당신의 부탁을 들어주지 않았다는 말씀인가요?", "제가 조에게 말하던 태도 때문에 마음이 상하셨나요?"

강한 감정은 강한 의견을 불러일으킨다. 비난한 사람의 감정을 이해할 시간을 가져라. 당신 사이에 더 나은 이해를 위한 간격을 설정하라.

❸ '질문하라.' 무엇이 상대가 당신을 비난하게 만들었는지 질문하여 이해하도록 하라. "명확히 하기 위해 물어보는데, 제가 고의로 했다고 생각하십니까?"

❹ '응답하라.' 상대가 왜 비난하는지 명확하다면 이제 당신이 어떤 감정을 느끼고 무엇을 할지 결정할 시간이다. 당신은 상대의 말을 반박하고 싶을 수도 있고, 인정하고 협상할 수도 있다. 무엇이 되었든 이야기하라. "당신이 많이 화났고, 제가 사려 깊지 못했다고 생각합니다. 하지만 저는 ~ 때문에

인정하지 못합니다." 당신의 관점에 대한 증거(변명이 아닌)를 제시하라.

❺ '과정을 반복하라.' 상대의 반응을 듣고 인정하고 응답하는 것을 계속하라.

❻ '의견 차이를 인정하라.' 상황을 해결할 수 있다면 괜찮다. 하지만 그렇지 않다면 언제 선을 그어야 하는지 배우고 의견 차이를 인정하라.

커뮤니케이션 예시

비평하기

아델 존, 일이 제대로 되지 않았네요. 이것은 제가 부탁한 대로가 아니에요. 저는 만족스럽지 않네요. 당신은 제가 부탁한 대로 하지 않았어요. 당신은 어쩔 도리가 없으니 이제 제가 내일 시간을 투자하여 제대로 해야겠군요.

존 제가 한 것이 만족스럽지 않다니 죄송합니다. 그러니까 당신이 하는 이유는 제가 제대로 하기에는 적합하지 않다고 생각해서인가요? (존은 동의도 부정도 하지 않고 있다. 그는 단순히 이해를 명확히 하기 위해 질문을 반영하여 묻고 있다.)

아델 만족스럽지 않다고요? 저는 화가 났어요! 맙소사! 처음부터 제대로 하지 못했다면 당신은 분명 제대로 할 수 없는 것이죠.

존 알겠습니다. (조용하고 차분하게 말한다.) 당신의 화가 좀 가라앉고 나서 다시 검토해 보면 어떨까 싶습니다. 그러면 당신이 정확히 무엇을 해야 하는지 설명할 수 있고, 제가 다시 할 자신이 있는지 말해 드릴 수 있겠군요. 모든 것이 새로운 상황이라 제가 제대로 하지 못했나 봅니다. 다시 작업에 들어가기 전에 우리에게 필요한 명확하고 일치된 세부 사항을 이메일로 보내겠습니다.

아델 (진정되다.) 알겠습니다. 점심 식사 후 우리는 바로 한 시간 정도를 투자해야겠군요.

비난은 의도보다 강하게 나타날 수 있지만, 메시지는 여전히 중요하다. 반영적 경청은 메시지가 무엇인지, 상대방이 얼마나 실망하고 화가 났는지 가늠하도록 도와준다. 반영적 경청은 상대의 공격을 줄이기도 한다. 비판이 반영되면 상대는 이해받는다고 느껴 공격과 방어를 해야 한다는 감정을 줄일 것이다.

비판하기

최근 당신이 누군가를 비판했던 적을 생각해 보라. 그냥 당신의 기분이 나아지기 위해 맹렬히 공격하고 싶었는가? 아니면 상대의 행동에 보다 건설적인 변화가 보이길 바라면서 노력했는가? 건설적인 비판은 미래의 성과나 행동을 긍정적으로 알려 주는 정보, 의견, 분석을 제공한다는 점에서 피드백의 한 형태이다.

서면으로 작성하거나 상대와 이야기하며 고려해야 할 몇 가지 단계가 있다. 그러나 말하기 전에 먼저 상대가 하는 무언가가 당신

에게 문제가 되는지, 아니면 어떤 변화가 보이길 원하는지 결정해
야 한다. 그렇지 않으면 당신은 무시당하거나 전면적인 대결을 시
작할 위험에 처한다! 다음 단계를 따르라.

❶ '구체적으로 말하라!' 상대의 행동(말) 중 무엇이 당신을 기
분 상하게 했는지, 자극받게 했는지, 화나게 했는지 말하라.
어떻게 변하면 좋겠는지 구체적으로 말하라.

당신이 생각하기에는 문제가 무엇인지 뻔할 수 있지만, 상대
에게도 명확하다고 단정 짓지 말라. 모호한 비판으로 야기된
시간과 에너지, 오해를 생각해 보라.

"에밀리, 당신은 더 나은 이메일 작성을 위해 노력해야 해.
신중하게 작성해야 한다고. 알았지?"보다 나은 접근 방법은
이렇다. "에밀리, 당신은 이메일에 흥미로운 요점을 적었지
만, 구조가 부족해서 찾기가 어려웠습니다. 다음번에는 글머
리 기호를 사용해 주세요. 요점들을 정리하고, 질문이 무엇
인지 명확하게 해줄래요?"

❷ '들어라.' 상대의 대답을 들어라. 끼어들어 방해하지 말라.

❸ '인정하라.' 반복을 통해 상대의 이야기에 반응하라. "알았습
니다, 에밀리. 당신은 모든 정보가 들어 있다고 생각하는 것
도 알고, 정확한 문구를 떠올릴 시간이 없었던 것도 이해합

니다. 그러나 빌은 당신이 무엇을 의미하는지 명확히 하기 위해 계속 전화하는 것에 굉장히 스트레스 받고 있습니다. 그러면 당신과 빌 모두의 시간을 잡아먹습니다. 그러니까 처음부터 제대로 하기 위해 노력하세요. 도움이 필요하다면 알려 주기 바랍니다."

❹ '상대의 대답을 들어라.' 인정하고 당신이 원하는 바를 고수하든지, 협상이나 타협을 준비하라. 다만 염두에 두어야 할 몇 가지 사항이 있다.

- '시간과 장소를 고려하라.' 즉시 말해야 하는가? 아니면 상대가 당신의 말을 더 잘 들을 때까지 기다릴 수 있는가?

- '상대에게 당신의 기분을 말하라.' 질투하는가, 화가 났는가, 기분이 상했는가? 상대에게 당신의 기분을 말하는 것을 두려워하지 말라. "나는 ~ 때 속상했어/당황스러웠어/몹시 화가 났어."

- '몰아세우지 말라.' 상대에게 "당신은 이렇게 하고 저렇게 해"라고 말하지 말라. 대신 '나는~' 진술을 사용하라. '당신은~' 메시지는 상대를 부정적 방식으로 표시한다. "당신이 원하는 것을 명확하게 해주세요"라고 말하기보다 "나는 당신이 원하는 것을 조금 명확하게 해주면 더 쉽게 이해할 것 같아요"라고 말하라.

- '한 번에 하나만 비판하라.' 하나 이상의 문제가 있다면 가장 중요한 한 가지부터 집중해서 처리하라. 상대방 때문에 다른 문제로 끌려가지 않도록 하라.

- '다음 단계를 결정하라.' 상대가 당신이 원하는 것을 하지 않으면 어떻게 할 생각인가? 위협이나 처벌을 의미하지 않는다. 상대가 협조를 거부할 경우 당신의 다음 단계가 무엇인지, 결과가 어떻게 될지를 결정해야 한다.

가일 리암, 이 자료들은 미완성이야. 내게 뭐가 말해 줄 수 있어? (특정한 문제에 집중하기)

리암 세상에, 나는 아무것도 제대로 할 수 없어. 나는 네가 시킨 일을 했어. 현재 해야 할 일이 많아. 어쩔 때는 그냥 포기하고 싶다니까. 타냐가 한 번도 제시간에 준 적이 없지만 네가 뭐라고 하지는 않잖아. 아니야?

가일 네가 아무것도 제대로 하지 못한다고 느끼게 해서 미안해. 너무 감정에 휩쓸린 것 같아. 이 자료들을 함께 검토하면서 오늘 오후까지 끝내도록 해보자. (리암의 말을 인지하고 요점에 집중한다.)

리암 내가 아는 한 그것들은 이미 끝났어. 나는 더 이상 할 시간이 없어.

가일 네가 시간에 쫓기는 건 알아. 그러니까 나와 함께 해보자고. 몇 시가 너에게 가장 좋을까? (확고하지만 협상적이다.)

리암 유일하게 남는 시간은 약 2시쯤일 거야. 하지만 오래 걸리지 않았으면 해.

가일 고마워. 우리가 제대로 할 때까지 계속 노력해 보자고.

나쁜 소식이나 부정적 피드백 제공

나쁜 소식을 전하는 것은 진짜 도전일 수 있다. 나쁜 소식을 전하는 사람과 받는 사람 모두에게 어려움과 고통을 준다. 그러나 세심하게 전달하는 방법이 있다. 가장 중요한 것은 당신이 얼마나 잘 듣고 상대의 반응에 대응하는가이다.

먼저 당신이 전달해야 할 나쁜 소식이 있다면 분명하게 털어놓아야 한다. 당신이 그런 종류의 정보를 전달해야 하는 상황에 있다면 곤혹스럽겠지만, 상대가 상황을 분명히 알게 해야 한다.

- 이유를 제공하라. 무슨 일이 왜 발생했는지 설명할 준비를 하라. 긴 설명은 피하라.
- 질문을 예상하여 간결하고 신뢰할 만한 답변을 준비하라. 해답이 없다면 그렇다고 말하라. 상대의 질문에 대답할 추가 정보를 얻을 수 있는 곳을 안다면 그렇다고 말하라. 질문이 복잡하다면 단순화시켜서 다른 표현으로 말하라. 하지만 의미를 바꾸면 안 된다. 화가 났다면 중립적인 언어로 다시 바꾼다. 당신의 감정을 통제하고, 존중과 함께 세심하게 답하라.

"에드, 좋은 소식이 아닌 것 같아. 네가 충분한 성적을 받지 못해서 올해 선택한 대학에 가지 못할 것 같아. (일시 정지) 재시험을 치고 내년에 다시 신청하거나, 네가 선택하는 다른 대학에 합격할 수 있는지 확인해 봐야 해."

"나쁜 소식이 있습니다. 유감스럽게도 당신의 사랑스러운 강아지 렉스가 수술 후 깨어나지 못하고 새벽 3시에 죽었습니다. 그는 나이가 많았고 강하지 못했습니다. 하지만 렉스는 혼자가 아니었습니다. 간호사가 렉스와 함께했습니다. 죄송합니다."

나쁜 소식을 전하는 가장 좋은 방법은 나쁜 소식 전후에 긍정적인 말을 하는 것이라고 알고 있는 사람이 있다. 하지만 소식이 그리 나쁘지 않다는 암시를 하지도 않고, 나쁜 소식을 평범하게 만들지도 않는다. 긍정적인 말을 포함시키는 이유는 상대를 긍정적인 면에 집중시키기 위해서이다. ('재시험을 치고 내년에 다시 신청하거나, 다른 대학을 알아보자', '렉스는 혼자가 아니었습니다. 간호사가 함께했습니다'.)

- 어떤 경우에는 충격을 완화시킬 수 있다. 긍정적 형태의 문장을 사용하는 것이다. "내일까지 결정할 수 없다"는 말 대신 "우리는 내일 결정할 것입니다"라고 말한다.
- 나쁜 소식은 대개 강한 감정과 만난다. 그 감정을 인지하지만 자신이 감정적이지 않도록 노력하라(나쁜 소식이 당신에게 직접적

으로 영향을 주지 않는 한). 직원을 해고해야 한다고 가정해 보자. 그가 운다고 해고할 수 없는 것은 아니다. 하지만 그의 고통을 인정할 수는 있다. "당신이 너무 마음 상해 유감입니다. 해고가 충격으로 다가온 것을 알겠습니다", "해고가 당신에게 고통스럽다는 것을 알겠습니다"와 같은 공감 반응은 누군가의 감정뿐만 아니라 그 이유를 인정한다.

- 상대가 말하게 하고 들어라. 그들의 감정을 확인하되, 주로 듣고 인정하라.

- "네가 어떤 기분인지 알아", "너무 걱정하지 마"라는 말은 피하라. 좋은 의미로 하는 말이겠지만, 상대는 당신이 자신을 이해하지 못하거나 사태를 수습하기 위한 말이라고 느낄 수 있다.

- 만약 적절한 상황이라면 당신이 무엇을 도와줄 수 있는지 말하거나, "내가 해줄 만한 게 있을까?"라고 물어보라. 과한 사과는 피하라. 대신 가능한 대안을 제안하라. 아무도 변명을 원하지 않는다. 상황을 개선할 방법이나, 미래를 위한 아이디어나 해결책, 방향, 조언을 원한다. 할 수 없는 것보다 할 수 있는 것에 집중하라.

꼭 직접적으로 나쁜 소식을 전해야 하는가? 이메일이나 편지로 나쁜 소식을 전하면 쉽다고 느낄 것이다. 물론이다. 당신이 정확하게 무슨 말을 하고 싶은지, 어떻게 말할지를 계획할 수 있기 때문이다. 또한 방해받지 않고 당신이 하고 싶은 말을 전달한다. 하지만 상대가 어떻게 느끼고 반응하는지 볼 수가 없다. 만약 이것이 글로 전달하는 이유라면 당신은 겁쟁이다. 당신이 상대의 반응까지 다룰 필요는 없다.

어려운 소식을 직접 전달하면 당신은 상대의 보디랭귀지를 읽어 내어 알맞은 조정을 하게 된다. 오해를 해명하거나 우려되는 문제를 더 이상 밝히지 않아도 된다. 따라서 가능하다면 직접 만나 얼굴을 보고 이야기하라.

나쁜 소식이나 부정적 피드백을 글로 전하는 법

당신은 편지나 이메일로 부정적인 피드백이나 나쁜 소식을 전하려 하는가? 나쁜 소식을 말로 어떻게 전하는가에 따라 상대의 반응에 영향을 주듯이 서면으로 전할 때도 마찬가지다.

서론이 중요하다. 나쁜 소식이나 피드백의 맥락을 정할 기회를 준다. 문맥(주제와 관련된 상황)은 나쁜 뉴스를 파악하고 이해하는 방법에 차이를 만든다. 긍정적인 말로 시작하라. 무엇이 잘됐는지 이유를 설명하라.

학생에게 서면으로 적힌 피드백을 전달하는 과외 선생님이 있다. "조, 리포트를 정말 썼구나. 아파서 몇 번 수업에 참여하지 못했는데도 말이야."

목표는 나쁜 소식을 최소화하는 것이 아니라, 문맥에 배치하여 전달하는 메시지의 일부로 만드는 것이다. 당신은 먼저 소개할 필요가 있고, 상대에게 나쁜 소식을 문맥 안에서 설명해야 한다. 문맥을 정리하고 긍정적인 관점을 제공한 다음 부정적인 소식을 상세히 전해야 한다. "그런데 유감스럽게도 너의 리포트는 불분명하구나."

나쁜 소식을 전달한 후에는 설명, 해결책, 발전할 만한 제안, 같은 문제를 예방할 관련성 있는 무언가가 뒤이어 와야 한다. "앞으로는 너의 핵심 요점이 무엇인지 정하고 항상 주된 질문과 관련이 있는지 확인해 보렴."

나쁜 소식이 당신이 만든 결과라면 올바른 행동이나 보상 등 일종의 해결 방안을 제시하라.

나쁜 소식은 하나의 상황이다. 곱씹을수록 더 악화된다. 당신이 나쁜 소식을 적절한 문맥에 배치하면(여행에서 생기는 작은 문제처럼), 상대가 불행한 상황에 대해 완전히 솔직해지는 동안 희망적이고 긍정적인 느낌을 갖는다.

당신이 신경 쓰고 있음을 보여 줌으로써 결론을 내린다. 비록 사과나 다름없지만 진정한 공감을 보여야 한다.

무시당했을 때 대처하는 법

혹시 누군가를 화나게 한 적이 있는가? 친구와 사이가 틀어져 지금은 거리를 두고 있는가? 아니면 평소에 행복하게 이야기하던 사람이 쌀쌀맞게 대하는가? 가족, 동료, 친구 등과 상황을 악화시키지 않고 어떻게 침묵의 벽을 깰까?

첫째, 무슨 일인지 확실하지 않으면 자신에게 몇 가지 질문을 하라. 언제 무시가 시작됐는가? 그날이나 그 행동이 바뀌기 직전에 무슨 일이 있었는가? 당신의 말이거나 행동이었는가? 당신이 뭔가 잘못했거나 나쁘게 행동했는가? 가능성을 몇 가지로 좁혀 나갈 수 있다.

이유가 무엇이든 상대는 당신의 말을 자름으로써 상황의 주도권을 잡고, 자신을 보호하거나 당신에게 벌주려 한다. 어떻게 돌파할 것인가?

다행히도 당신이 하려는 말을 계획할 수 있는 상황이다. 긴장하거나 방어적이거나 잘못된 길로 가기 쉬우니 무슨 말을 할지 계획을 세우라. 당신이 그와 단 둘이 있다고 상상하며 하고 싶은 말을 크게 말해 보라. 당신이 말하는 방식을 듣고 필요하면 목소리 톤을 조정하라. 당신이 뭔가 잘못했다고 상대가 느낀다면, 상대가 지나치게 민감하다고 생각한다는 것을 당신의 말투가 나타내지 않는지 확실히 하고 싶을 것이다.

헐뜯거나 잘난 체하는 말투는 당신과의 관계를 더 악화시킬 것이다. 긍정적 보디랭귀지는 필수이다. 팔짱을 끼거나, 긴장된 자세, 눈을 피하려는 동작은 정직하고 개방적인 접근이 아니다.

당신이 무엇을 잘못했는지 잘 모르겠다면 그렇다고 말하라. "우리 사이에 문제가 있고, 당신이 나를 못마땅하게 여기는 것처럼 느껴집니다."

상대가 무엇을 어떻게 느끼는지 알아보라. 상대가 상처받고 좌절감을 느끼는가? 어쩌면 그는 단순히 실망했다 느낄 수 있다. 질문하라. "우리 사이에 일어난 일을 어떻게 생각하세요?"

상대가 어떻게 느끼는지를 듣고 인정하라. 당신은 어떻게 느끼는지도 설명하라. 그러나 잘못을 찾거나 비난하지 않도록 주의하라.

'책임을 지고 사과하라.' 그렇다고 모든 책임을 떠안거나 전적으로 당신의 잘못이라고 제안하라는 의미는 아니다. 당신이 책임감을 느끼는 것과 아닌 것을 구분하라. 무엇이든 당신이 다르게 할 수 있었음을 인정하고, 그 일이 발생해서 미안하다고 말하라. 당신이 무엇을 사과하는지 이해하고 있음을 분명히 하라. "나는 화가 나서 소리를 질렀어. 내 감정을 이기지 못하고 너의 마음을 상하게 해서 미안해", "나는 너의 부탁을 들어주지 않았어. 실망시켜서 미안해".

'일을 바로잡기 위해 무엇을 할 수 있는지 설명하라.' 예를 들면 다음과 같다. "내가 화나서 소리 지르면 당신이 말할 기회가 없다는 것을 알고 있어. 앞으로는 내가 통제력을 잃었다고 느껴지면 차분해질 때까지 방을 나가 있을게", "내가 너를 실망시켰다는 것을 알아. 어떤 방법으로든 만회할 수 있을까?"

'한 번만 시도하라.' 문제가 무엇인지 이해하고 사과했지만 아직도 해결되지 않았다면 당신이 최선을 다했다는 것을 알라. 한 걸음 더 나아가 당신과 커뮤니케이션을 시작할지는 상대에게 달렸다.

다시 이야기하고 싶어진 상대를 열린 마음으로 받아 줄지는 당신의 결정에 달렸다. "네가 나를 내쳐서 정말 마음이 아파. 나와 다시 대화하여 관계가 나아졌으면 해. 이 문제를 다루기 힘들어서 나도 더 기다리기 힘들어. 그냥 네가 나와 더 이상 친구가 되길 바라지 않는다고 생각할 수밖에 없어. 나는 그러고 싶지 않아. 내가 지금 너한테 이야기하는 이유야."

물론 글로 적는 것이 쉽고, 유일한 대안일 수도 있다. 다시 한 번 말하지만, 어떻게 달리 할 수 있었는지 책임을 져야 한다. 잘못한 점을 찾거나 탓하지 않는다는 것을 기억하라. 상대가 어떤 감정을 갖고 있는지 인지하라. 당신이 어떻게 느끼는지, 바로잡기 위해 당신이 어떻게 할지 설명하라.

상대의 입을 다물게 하는 법

끝나지 않을 듯한 두려움에 상대와 대화하길 주저한 적이 있는가? 불필요한 세부 사항까지 이야기하는 사람에게 쩔쩔매는 자신을 발견하는가? 상대가 대화를 항상 자신에게로 가져가는가? 아마도 당신은 이미 들었다고 말해도 똑같은 이야기와 일화를 반복하는 누군가를 알고 있을 것이다.

무례하게 보이지 않으면서 대화의 주도권을 되돌릴 수 있을까? 여러 가지 방법이 있다. 모든 방법은 당신의 경청을 요구한다. 경청으로 당신은 꼬투리 잡을 무언가를 찾아 주도권을 되돌릴 수 있다.

'접촉하라.' 심호흡을 하고 눈을 마주쳐라. 상대의 이름을 말하라. 적절한 경우 팔을 살짝 만져라. 앉아 있다면 일어서라. 그다음 아래 방법 중 하나로 주제를 끝내도록 이끌라.

'요약하라.' 신경을 끄기보다는 경청 기술을 사용하여 상대의 말을 요약하라. "필, 중국의 만리장성을 트레킹 했다니 분명 어려운 도전이었을 거야. 나도 언젠가 해봐야겠어."

'경고하라.' "필, 더 많이 듣고 싶지만 제임스가 떠나기 전에 이야기해야 해." 당신이 벗어나야 한다면 시간이 없다는 것을 상대에게 알린다.

'친절하라.' "필, 너의 여행에 대해 잘 들었어. 너는 내게 영감을 주었어. 너와 이야기 나눠서 좋았어." 당신은 대화를 끝내도 괜찮다고 느낄 것이고, 무언가 긍정적인 말을 하면 수다쟁이는 행복해하며 당신을 떠나보낼 것이다.

'다음 행동을 설명하라.' "필, 나는 화장실에 가야 해/베이비시터에게 전화해야 해/제임스가 가기 전에 붙잡아야 해." 당신이 한 말을 실행하라. 당신이 단지 변명을 했다고 상대가 생각하지 않게 하라.

'범위를 넓혀라.' "필, 나와 함께 가자. 너를 제임스에게 소개시켜 주고 싶어/바에 가고 싶어/먹을 것을 얻고 싶어." 당신과 함께하기를 동의하는지 여부와 관계없이 이 기술은 상대가 그룹에 속해 있다고 느끼도록 해준다. 당신이 상대를 속이고 달아나도 말이다. 당신이 그룹에 있다면 상대에게 질문이 향하도록 하라. "이것에 대해 어떻게 생각해, 제임스?", "올리비아가 이것에 관하여 뭐라 말하는지 정말 듣고 싶어"라고 말하라.

물론 모두 당신의 노력을 필요로 하지만, 대화의 주도권을 얻게 될 것이다. 대화의 주도권을 갖는 편이 지루하고 무의미한 시간을 보내는 것보다 낫다!

연습이 최선이다

당신이 커뮤니케이션의 원리를 배워 다양한 상황에서 효과적이고 긍정적으로 소통하도록 돕는 여러 방법을 알아보았다. 명확하게 커뮤니케이션하는 능력은 타인과의 연결, 우정, 가정과 사회생활에서 생기는 다양한 관계를 발전시키는 데 도움이 된다. 당신은 훌륭한 커뮤니케이션 원칙들을 발견했을 것이다. 다양한 상황에서 쉽고 효과적으로 커뮤니케이션하는 팁과 기법, 실용적인 예제를 참고하라.

당신이 커뮤니케이션 원칙들을 그저 읽기만 해서는 훌륭한 기술을 얻지 못한다. 커뮤니케이션 기술을 향상시키려면 연습이 필요하다. 하룻밤 사이에 커다란 결과를 얻지는 못한다. 모든 기술과 마찬가지로 커뮤니케이션 기술도 시간과 노력을 들여야 발전한다.

물론 연습하다 보면 실수도 생긴다. 실수에서 뭔가를 배우길 바란다. 상황을 과하게 분석하지는 말라. 단순히 무엇이 잘못됐고, 다음에 어떻게 잘할 수 있는지 반성하면 된다. 연습을 많이 할수록 더 많은 자신감과 공감을 얻을 것이고, 커뮤니케이션 기술도 향상된다.

행운을 빈다!

말은 잘하고 싶지만 말 많은 사람은 싫습니다

초판 1쇄 인쇄 2018년 7월 20일
초판 1쇄 발행 2018년 7월 27일

지은이 질 해슨
옮긴이 남혜령

펴낸이 박세현
펴낸곳 팬덤북스

기획위원 김정대 · 김종선 · 김옥림
편집 김종훈, 이선희
디자인 심지유
마케팅 전창열

주소 (우)14557 경기도 부천시 부천로 198번길 18, 202동 1104호
전화 070-8821-4312 | **팩스** 02-6008-4318
이메일 fandombooks@naver.com
블로그 http://blog.naver.com/fandombooks

출판등록 2009년 7월 9일(제2018-000046호)

ISBN 979-11-6169-050-6 03190